本書出版得到國家古籍整理出版專項經費資助

殷虛書契五種

上册

羅振玉　羅福頤　類次

中華書局

圖書在版編目(CIP)數據

殷虚書契五種/羅振玉,羅福頤類次. —北京:中華書局,
2015.3(2017.5重印)
ISBN 978-7-101-10579-7

Ⅰ.殷… Ⅱ.①羅…②羅… Ⅲ.甲骨文-研究
Ⅳ.K877.14

中國版本圖書館 CIP 數據核字(2014)第 273383 號

責任編輯:俞國林 朱兆虎

殷虚書契五種

(全三册)

羅振玉 羅福頤 類次

*

中華書局出版發行

(北京市豐臺區太平橋西里 38 號 100073)

http://www.zhbc.com.cn

E-mail:zhbc@ zhbc.com.cn

北京市白帆印務有限公司印刷

*

880×1230 毫米 1/16 · 100½印張 · 10 插頁 · 10 千字

2015 年 3 月第 1 版 2017年 5 月北京第 2 次印刷

印數:301-600 册 定價:2800.00 元

ISBN 978-7-101-10579-7

羅振玉先生攜幼子福頤攝於日本京都（1912年前後）

羅振玉先生攜家人攝於旅順

中排坐者：羅振玉（中）、夫人丁大年（左）、胞弟羅振常（右）；後排右起：長孫羅繼祖、五子羅福頤、四子羅福葆、長子羅福成、長媳何嘉森、三女羅孝純、四媳陳佩芝、五媳商莨若、長孫女羅完白；餘皆孫子、孫女

張永山先生（右一）與夫人羅琨先生（右二）在旅順博物館看甲骨

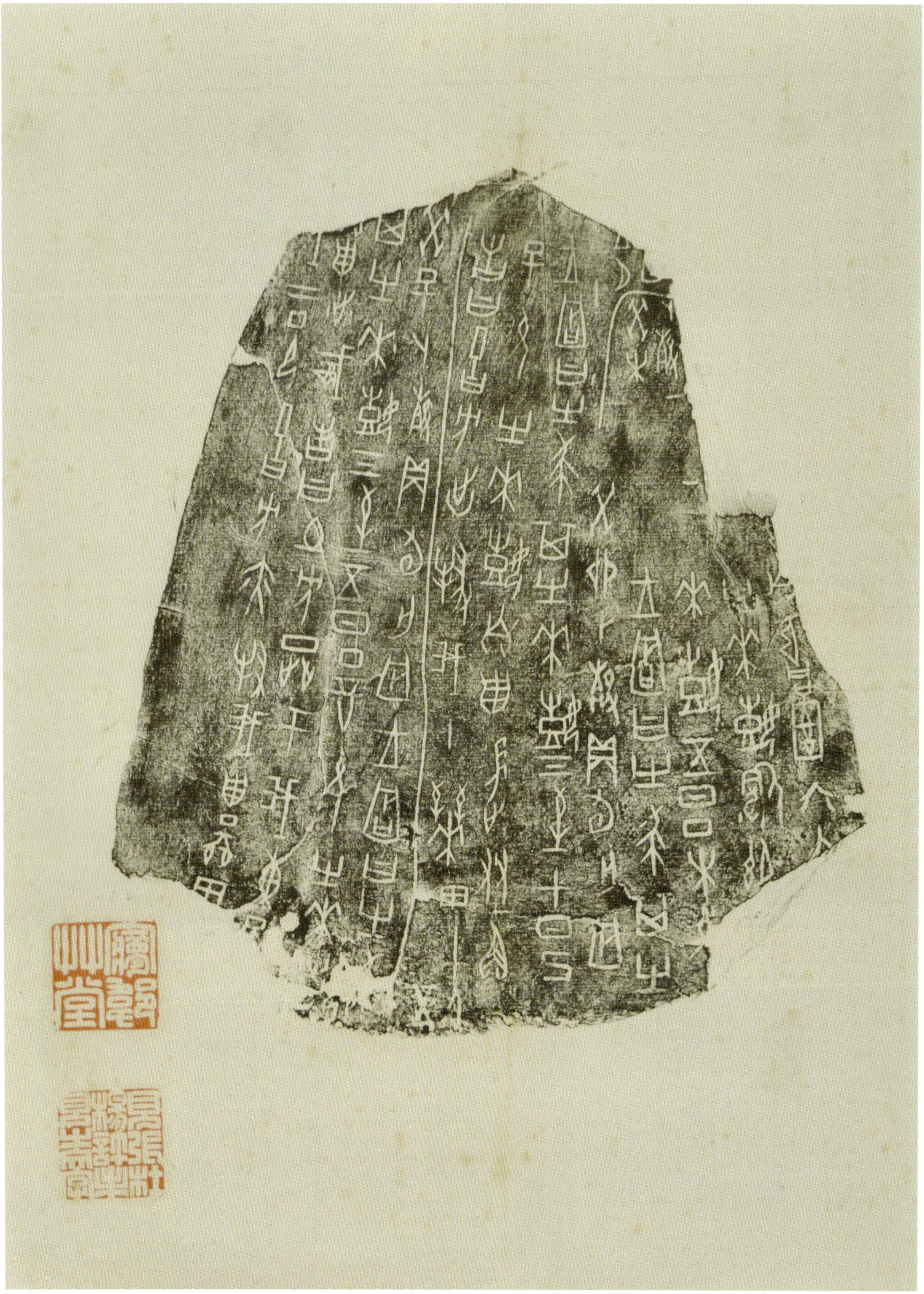

自本圖以下依次爲：殷虚書契菁華 1.1（正）、2.1（反）、
3.1（正）、4.1（反）、5.1（正）

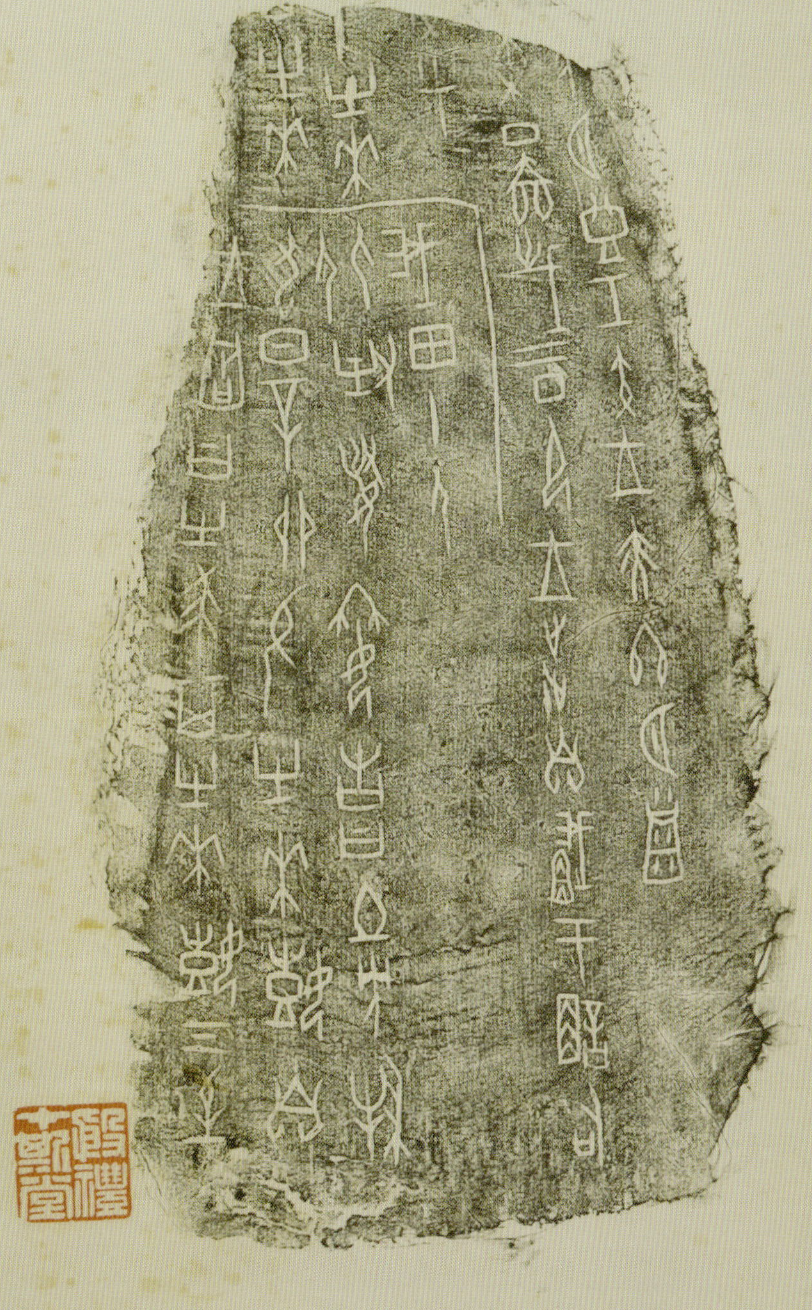

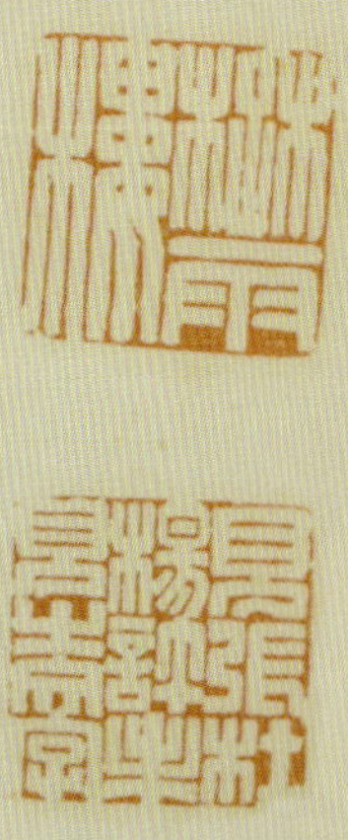

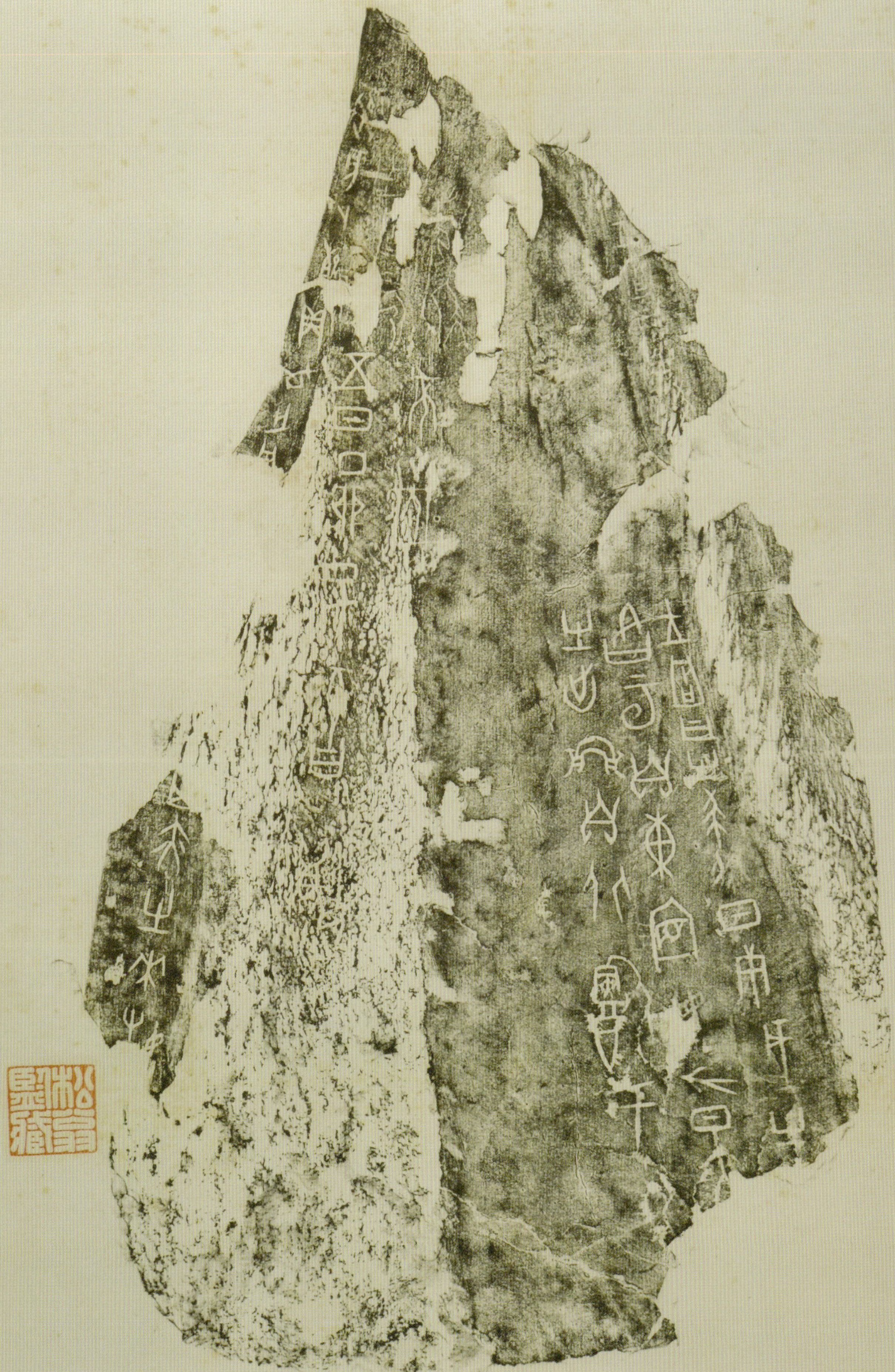

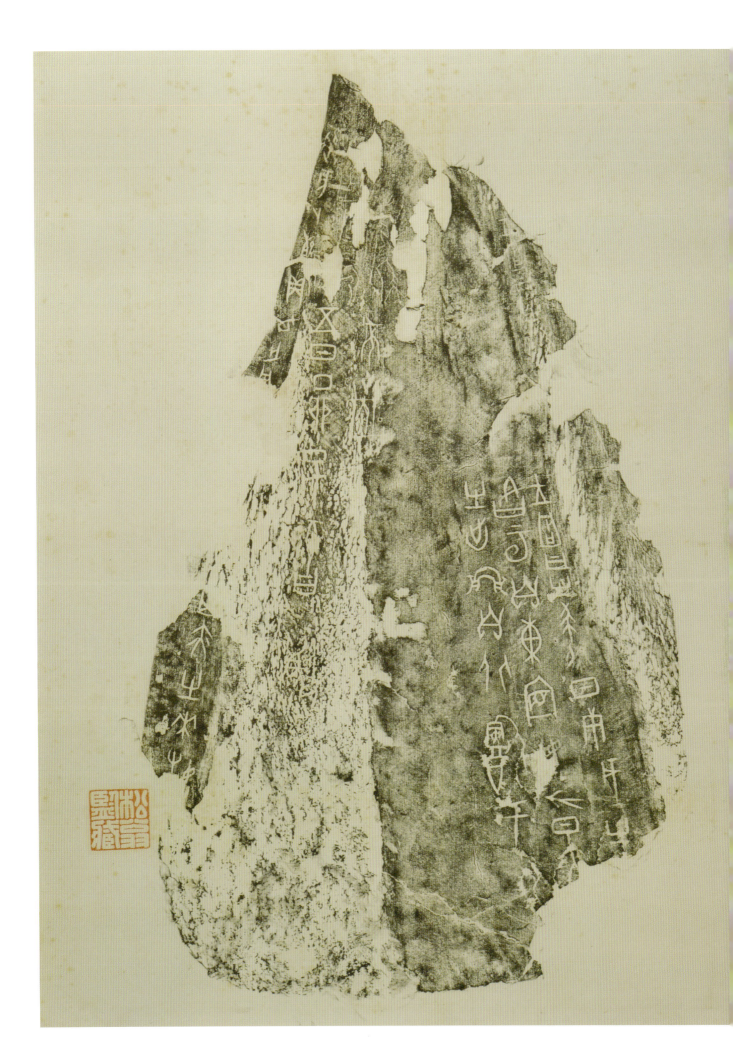

出版説明

羅振玉（一八六六—一九四〇）字叔蘊，又字叔言，號雪堂，又稱永豐鄉人、仇亭老民，晚號貞松老人，浙江上虞人。自十九世紀末、二十世紀初安陽刻辭甲骨陸續出土之後，在蒐集、保存、傳播和研究這批珍貴資料方面，羅振玉無疑居功至偉；其編輯刊印的《殷虚書契前編》、《殷虚書契菁華》、《殷虚書契後編》、《殷虚書契續編》，爲甲骨文字的考釋和殷商史的研究，提供了重要的文獻資料。

《殷虚書契前編》是羅氏擇其所藏甲骨中尤要者，墨拓精印。《前編》最早有一九一一年石印本，初擬編爲二十卷，前三卷輯入《國學叢刊》第一、二、三册，收録甲骨拓片二九二片。辛亥革命後羅氏僑居日本，遂中輟。兹録其序言於下：

宣統庚戌夏，予既考安陽所出龜甲獸骨刻辭爲殷商王室之遺蹟，大卜之所掌，竊以爲此殷代國史之一斑，其可貴重等於《尚書》、《春秋》，乃亟爲《殷商貞卜文字考》以章顯之，並手拓其遺文。顧是時所見甲與骨才數千，巾笥所儲才七八百枚耳。好之既篤，不能自已。復遣廠友祝繼先、秋良臣大索於洹水之陽。先後所見，乃達二萬枚。汰其贋作，得尤異者三千餘。於是范君恒齋兆昌、家弟子敬振常助予拓墨，几案充斥，積塵在襟，殘臘歲朝，氈墨不離左右，匝歲始畢。因略加類次，爲《殷虚書契前編》二十卷，其先後之次，則首人名，次地名、歲名、數名，又次則文之可讀者，字之可識者，而以字之未可釋及書體之特殊者殿焉。其説解則别寫爲後編。噫！予之致力於此蓋逾年，由選别而考證，而拓墨，而編次。昕夕孜孜，至忘寢食，儕輩每笑其癡绝，予亦未嘗不自咍也。然於斯學，第闢其涂徑，至於闡明，未逮十一。斯編既出，所冀當世鴻達，有以啓予，此則予所日望者矣。辛亥正月，上虞羅振玉書於京邸之龜堂。

一九一二年，羅氏在日本重編《前編》，釐爲八卷，一九一三年珂羅版影印，著録甲骨二二二九片（據《甲骨年表》統计）。一九三二年重印，對初印本作了去重、調序等，並保留初印本裁剪過甚之邊緣，以存甲骨原形，收録二二二一片（據《甲骨文合集》組統计）。關於重印本與初印本的不同之處，可參明義士《表校新舊版殷虚書契前編並記所得之新材料》、張秉權《記先師董作賓先生手批殷虚書契前編——附論前編的幾種版本》等。此次影印，即以一九三二年重印本爲底本。

《殷虚書契前编》或稱《殷虚書契》。「殷虚書契」本爲羅氏著録、考釋甲骨刻辭之總名，《前編序》稱：「寒夜擁爐，手加氈墨，擬先编墨本，爲《殷虚書契》前编，考釋爲後编。……其未及施墨者，異日當輯爲續編，而後编亦將次寫定。」故前编封面及内封都只題作「殷虚書契」，其後既成《殷虚書契考釋》，單獨行世，「後编」後便用爲著録甲骨之稱，而「殷虚書契」因爲前编題簽，遂亦沿用爲其專稱。

一九一四年，羅氏將其所藏四版最大的大字涂朱牛胛骨（印正反兩面，共八版），連同其他六十片甲骨，影照精印，編爲《殷虚書契菁華》一卷。一九一五年又遴選所藏甲骨中《前編》未收者一一〇四片，親自墨拓，編爲《殷虚書契後編》二卷，於一九一六年珂羅版印行。《後編》出版後，羅氏仍一直留心搜求，先後選拓劉鶚、王襄、馬衡及北京大學所藏，及估人所售甲骨，編爲《殷虚書契續編》六卷，一九三三年珂羅版印行，收録甲骨二〇一六片。《續編》按祭祀、帝系、農業、征伐、方國、往來、田獵、干支、天象、旬夕、疾病、人名、雜卜、卜旬、卜王等次序編排，極便翻檢。

羅氏著録甲骨四書，共收録五千四百餘片，占當時已公佈近一萬五千片的三分之一以上，且精華較多，對近代甲骨學的建立、推動，功勳卓著。郭沫若在一九二九年寫的《中國古代社會研究自序》中説：「羅振玉的功勞即在爲我們提供了無數的真實的史料。他的殷代甲骨的蒐集、保藏、流傳、考釋，實在是中國近三十年來文化史上所應該大書特書的一項事件。」

羅福頤（一九〇五—一九八一）是羅振玉第五子，字子期，七十後自號僂翁。先後任職於北京大學文科研究所、文化部文物局、故宫博物院等。《殷虚書契四編》二卷，是羅福頤先生繼承其父之志，於一九四八年編訂的又一部甲骨著録專書。因承《前編》《後編》《續編》之稱，故名《四編》。《四編》精選其從旅順羅振玉舊藏帶出的碎片、廠肆所購、曾毅公所藏，以及四兄羅福葆手拓者，一遵《增訂殷虚書契考釋》成例，按貞卜事類分爲卜祭、卜告、卜享、卜出入、卜田獵、卜征伐、卜年、卜風雨、雜卜、甲子表十類，依次編排。拓製精善，與前三編後先並美。

《四編》原稿因胡厚宣編纂《甲骨文合集》之故，出讓中國社會科學院歷史研究所，部分拓片採入《合集》。羅福頤去世後，一九八一年張永山、羅琨復遵羅福頤之願，重新增訂《四編》，改原「擇其精尤」爲「雖龜屑不令遺」的全選原則，將羅福頤所收集的甲骨拓片全部編入，由原二百八十餘版增至四四四版。《四編》之成，實凝集了三代人的心血，是羅氏一家貫穿二十世紀共肩此「學術傳佈之責」的結筆。此次影印所據，即羅福頤、羅福葆、張永山、羅琨墨拓手編原本。

茲將羅振玉所編四種與《四編》合爲一編，題作《殷虛書契五種》，以饗讀者。《前編》、《菁華》、《後編》、《續編》四書，以中華書局圖書館藏本爲影印底本，其中《菁華》部分刻辭模糊的小片復據張政烺舊藏本抽换，張政烺舊藏本由北京大學考古文博學院圖書館提供。《菁華》所收大版牛胛骨，羅振玉深恐損壞，未敢拓墨，僅以照片公之於世，後來羅福頤手拓五版，爲大版牛胛骨的第一份拓片，精美珍貴，今承羅琨雅意，置諸卷首。《四編》墨拓增訂本，亦由羅琨提供。在此，一併致謝。

中華書局編輯部

二〇一五年一月

目録

殷虚書契前編

殷虚書契四編

殷虛書契前編

殷虚書契

内藤虎署

集古遺文第一

光緒二十有五年歲在己亥實爲洹陽出龜之年時予春秋三十有四越歲辛丑始於丹徒劉君許見墨本作而歎曰此刻辭中文字與古文或異固漢以來小學家若張杜楊許諸儒所不得見者也今幸山川效靈三千年而一洩其祕且適當我之生則所以謀流傳而攸遠之者其我之責也夫於是盡墨劉氏所藏千餘爲編印之而未遑考索其文字蓋彼時年力壯盛謂歲月方久長又所學未邃且三千年之奇跡當與海內方聞碩學共論定之意斯書既出必有博識如束廣微者爲之考釋闡明之固非曾曾小子所敢任也顧先後數年間僅孫仲容徵君詒讓作札記此外無聞焉仲容固深於倉

雅周官之學者然其札記則未能闡發宏旨予至是始有自任意歲丁未備官中朝曹務清簡退食之暇輒披覽墨本及予所藏龜於向之蓄疑不能遽通者諦審既久漸能尋繹其義顧性復懶散未及箋記宣統改元之二年東友林君泰輔寄其所爲考至則視孫徵君札記秩然有條理並投書質疑爰就予所已知者爲貞卜文字考以答之已而漸覺其一二違失於舊所知外亦別有啓發則以所見較博於疇昔故於是始恍然寶物之幸存者有盡又骨甲古脆文字易滅今出世逾十年世人尚未知貴重不汲汲蒐求則出土之日卽澌滅之期矧所見未博考釋亦詎可自信由此觀之則蒐求之視

考釋不尤急歟因遣山左及廠肆估人至中州瘁吾力以搆之一歲所獲殆逾萬意不自歉復命家弟子敬振常婦弟范恆齋兆昌至洹陽采掘之所得則又再倍焉寒夜擁爐手加氈墨擬先編墨本爲殷虛書契前編考釋爲後編並謀投刻去官買地洹陽終我天年以竟此志乃逾年冬而國難作避地浮海將辛苦窾蓄之三千年骨與甲者鄭重載入行篋而展轉運輸及稅吏檢察損壞者十已五六幸其尤殊者墨本尚存乃以一歲之力編爲前編八卷付工精印其未及施墨者異日當輯爲續編而後編亦將次寫定嗚呼喪亂以來忽已匝歲神州荒翳文獻蕩然天既出神物於斯文垂喪之時而

予又以偷生視息之餘倉皇編輯須鬢日改犬馬之齒亦既四十有七上距己亥已閲十有四年買地洹陽之願既虚茫茫斯世知誰復有讀吾書者亦且抱此遺文以自慰藉而已窮冬濡豪萬感百憂一時交集歲在壬子十二月二十六日上虞羅振玉序於日本寓居之永慕園

殷虛書契前編卷一

集古遺文第一

上虞羅振玉類次

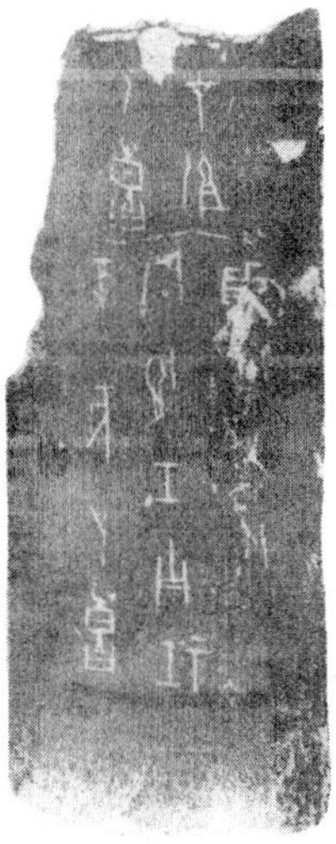

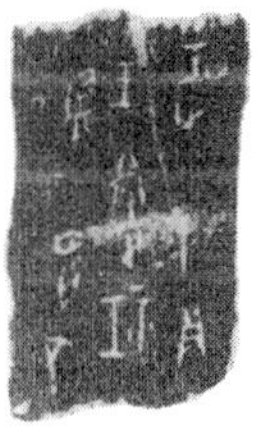

殷虛書契前編卷一
二

殷虛書契前編卷一

殷虛書契前編卷一

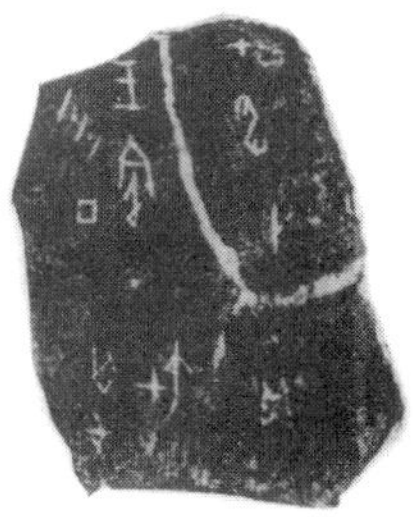

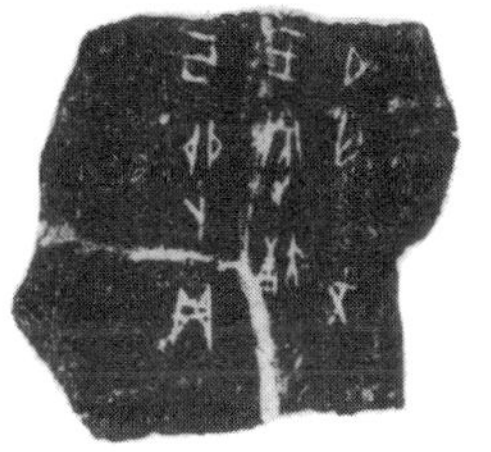

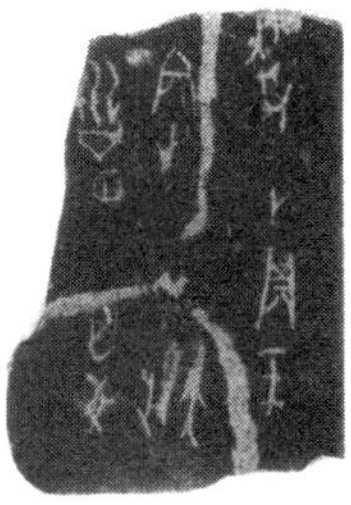

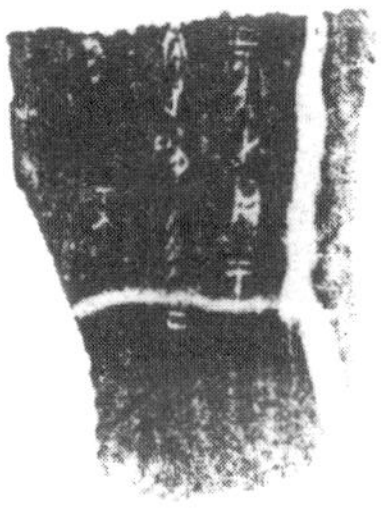

殷虛書契前編卷一

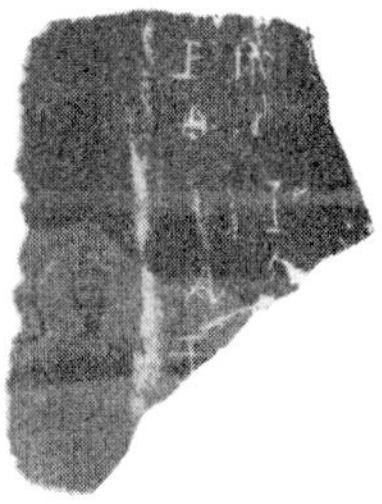

九

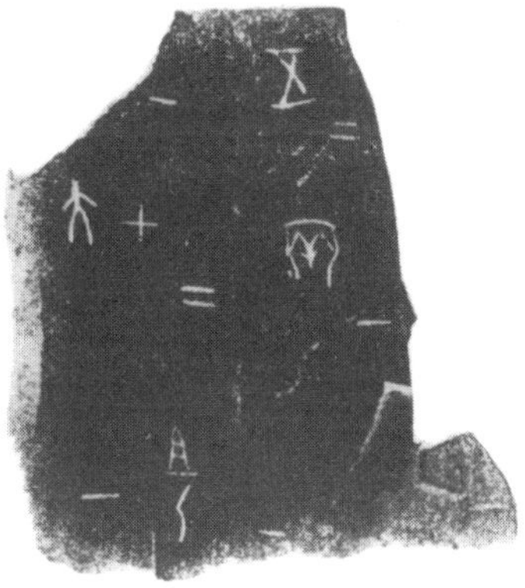

殷虛書契前編卷一

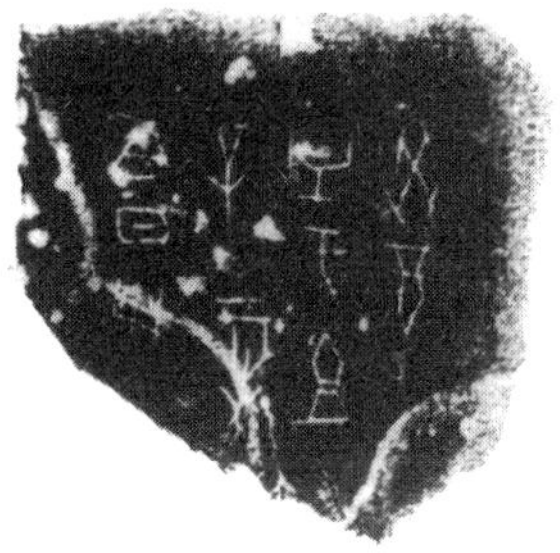

殷虛書契前編卷一

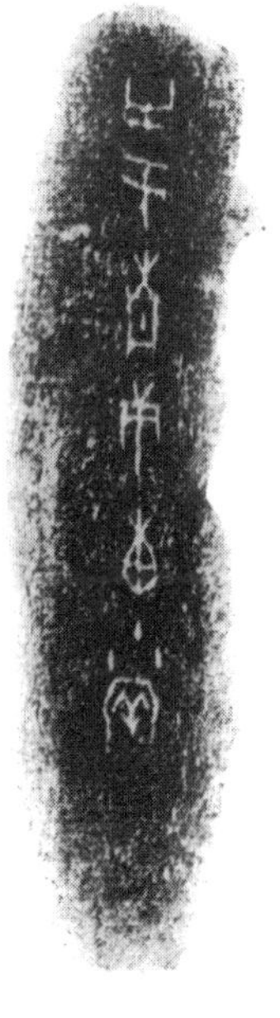

殷虛書契前編卷一
十五

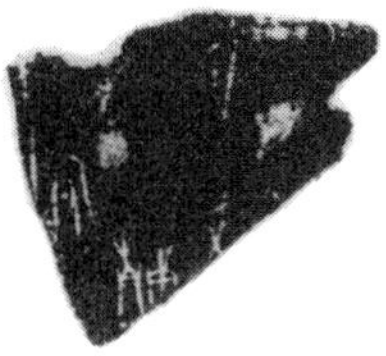

殷虛書契前編卷一

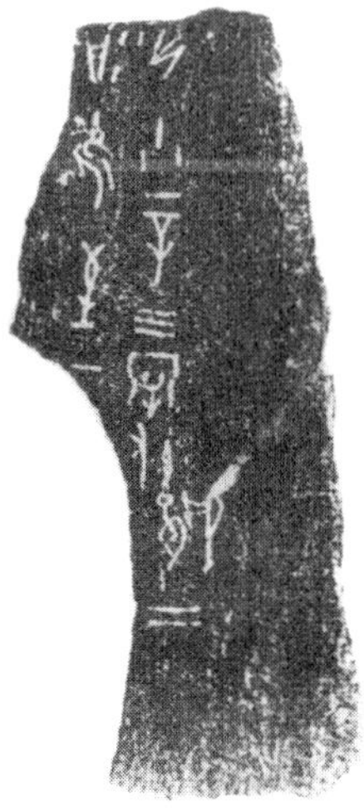

殷虛書契前編卷一

殷虛書契前編卷一　十八

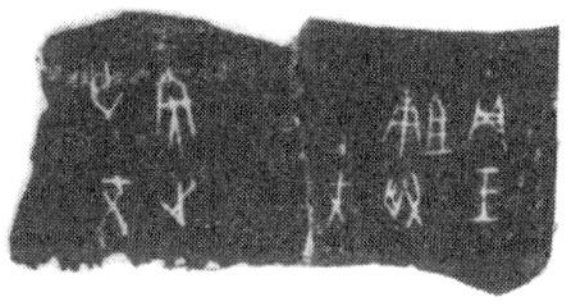

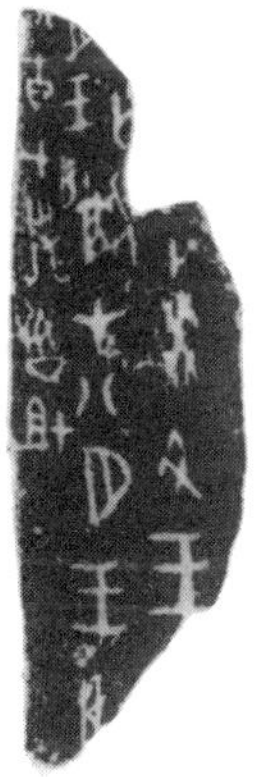

殷虛書契前編卷一

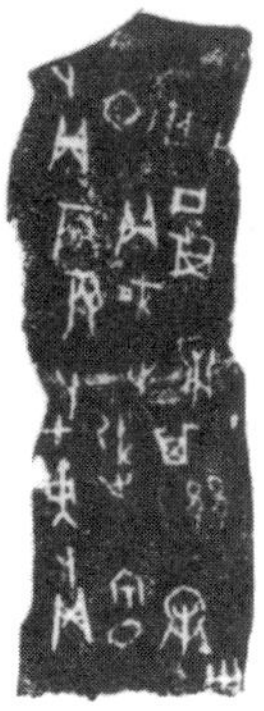

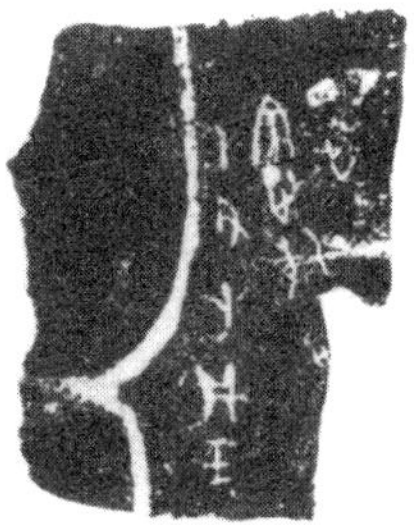

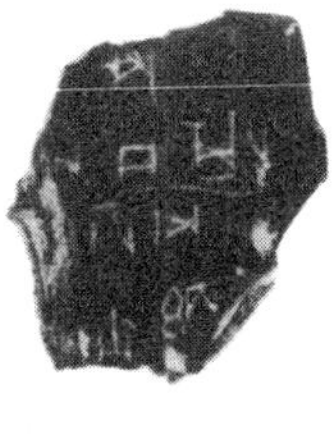

殷虛書契前編卷一

二十三

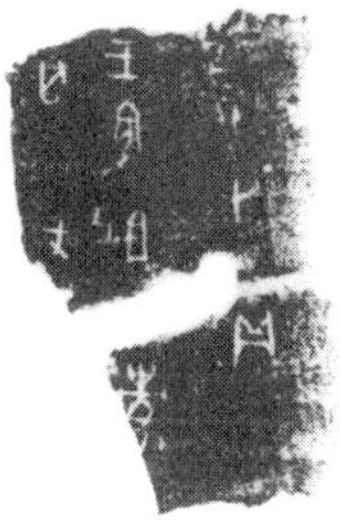

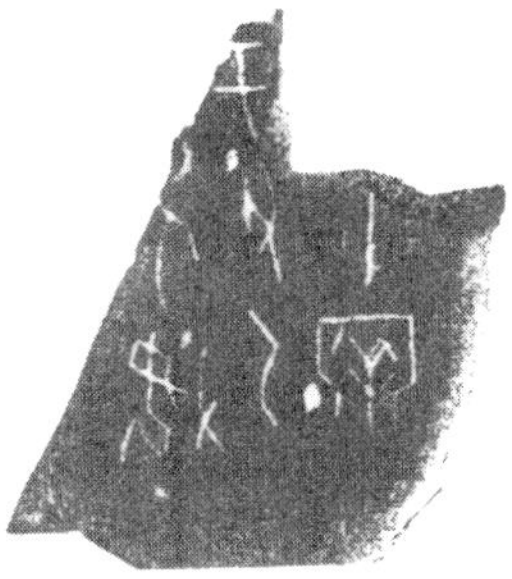

殷虛書契前編卷一

二十六

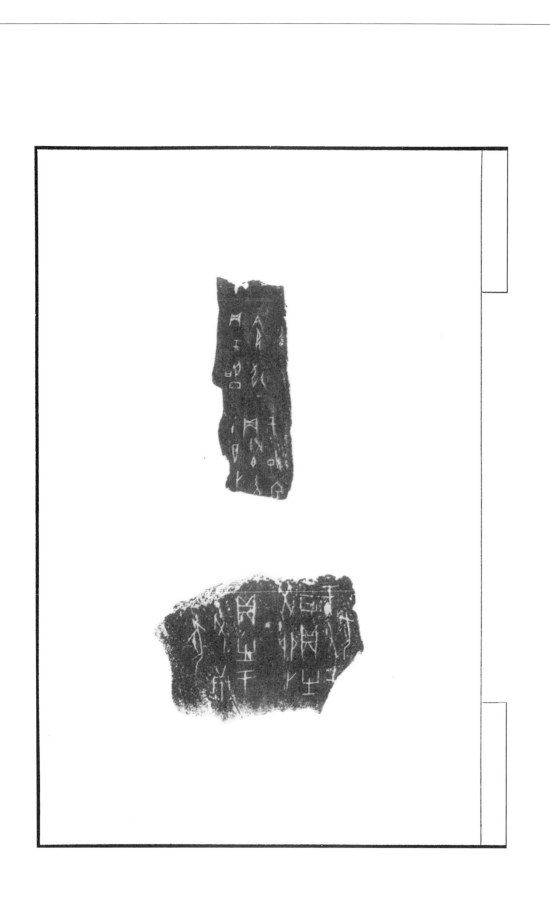

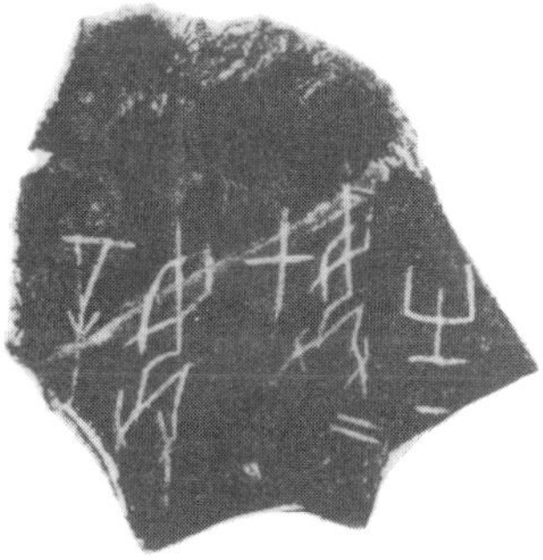

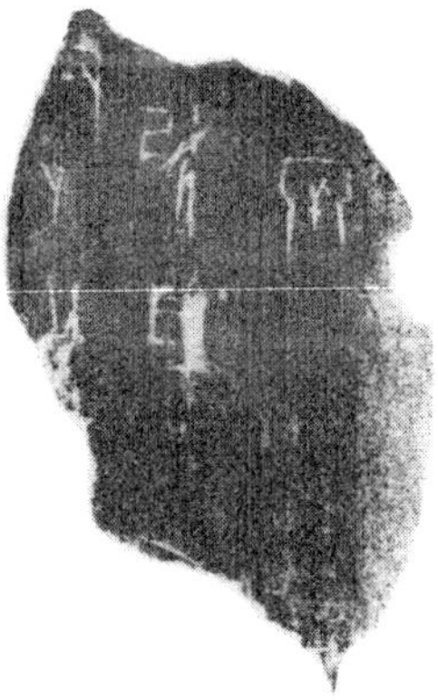

殷虛書契前編卷一

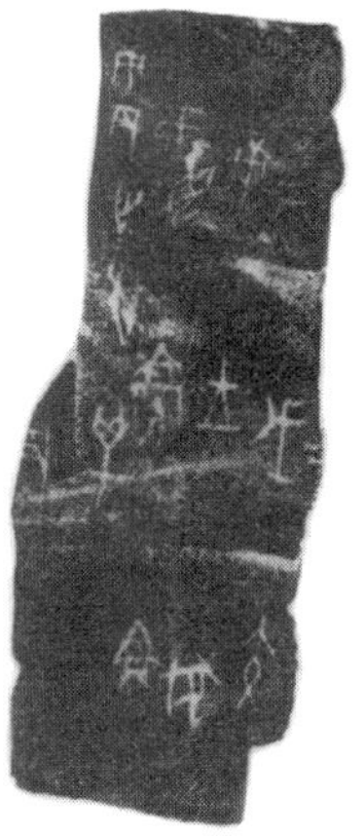

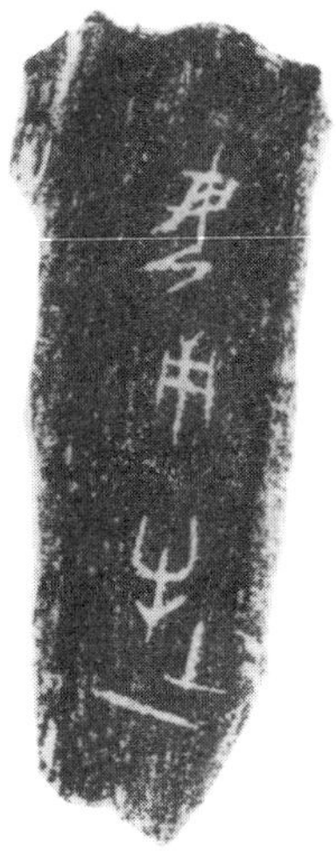

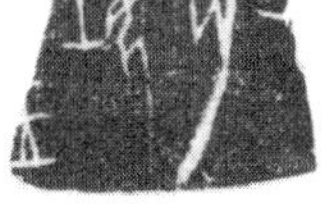

殷虛書契前編卷一

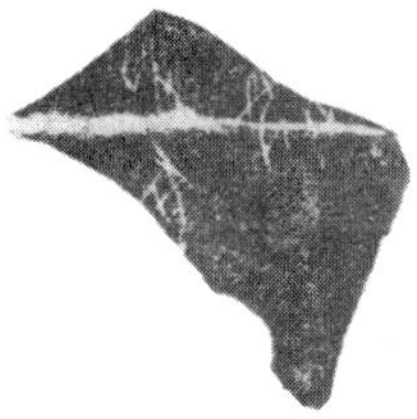

三十一

殷虛書契前編卷一

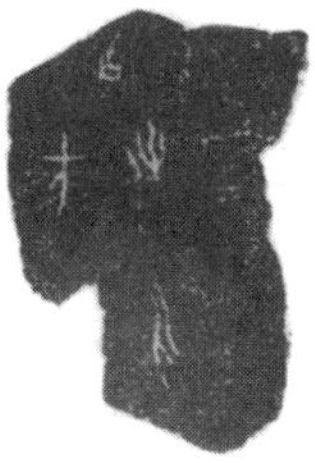

殷虛書契前編卷一

三十三

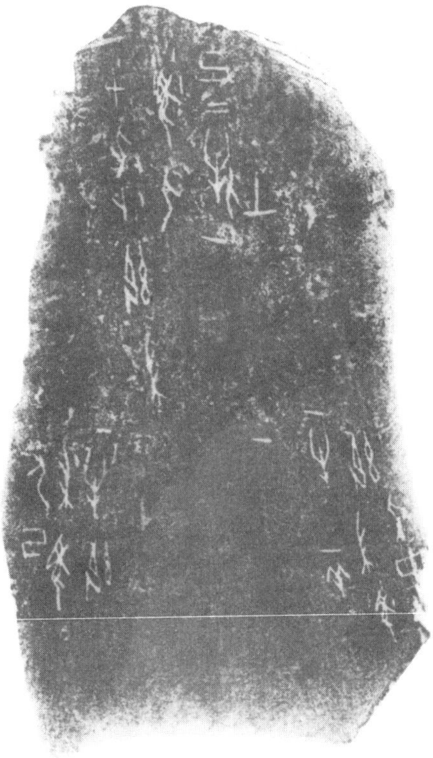

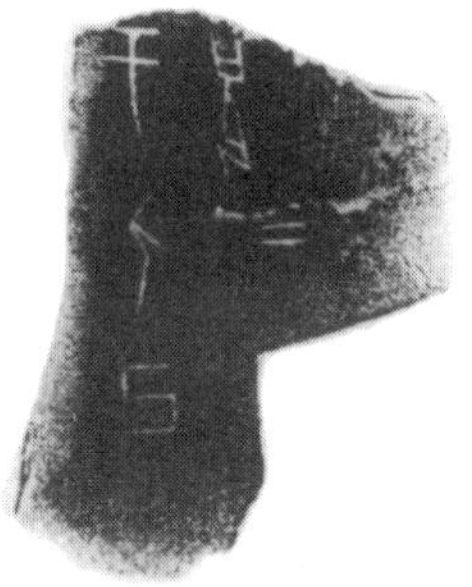

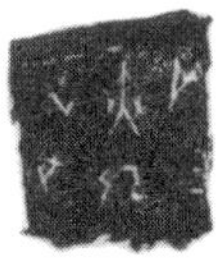

殷虛書契前編卷一　三十五

殷虛書契前編卷一

殷虛書契前編卷一

三十八

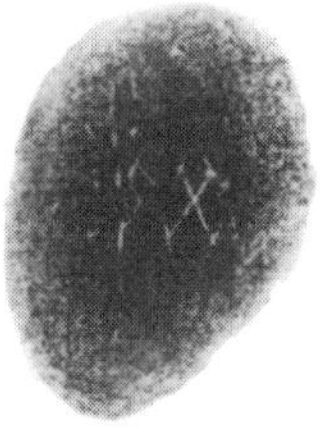

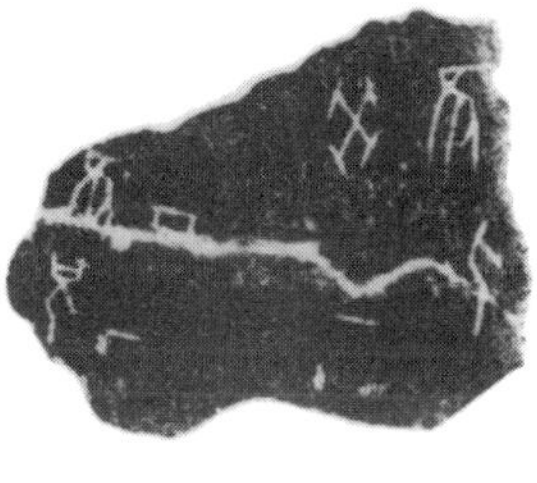

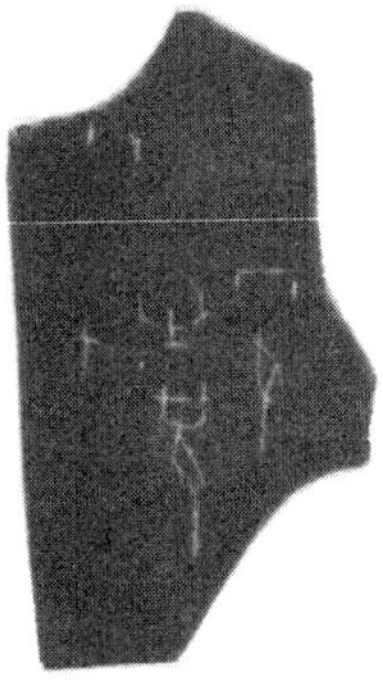

殷虚書契前編卷一

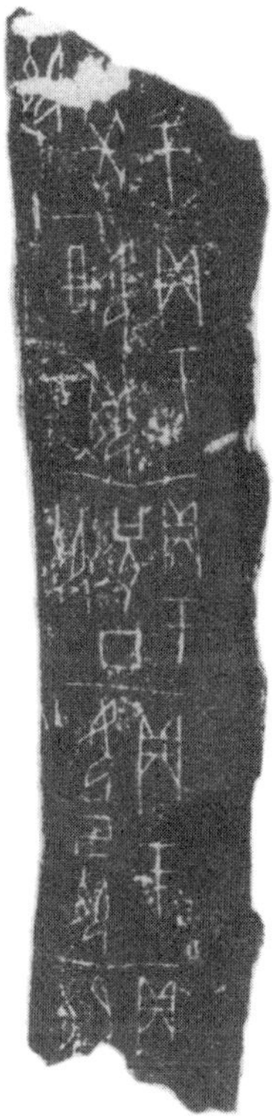

殷虛書契前編卷一

四十一

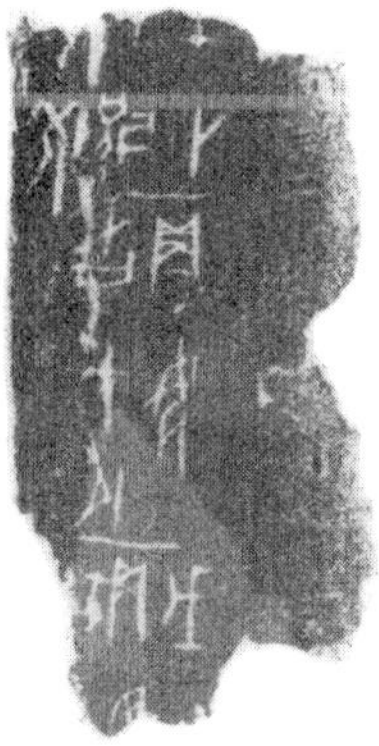

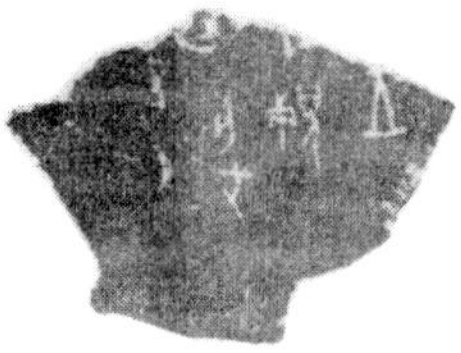

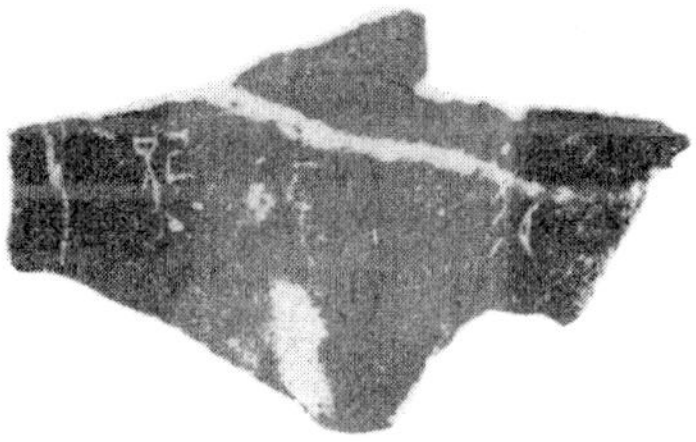

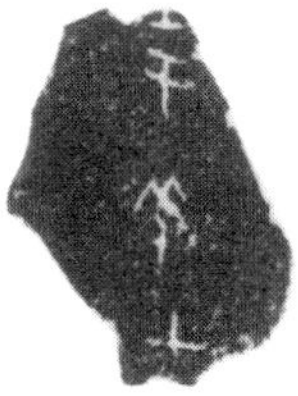

殷虛書契前編卷一

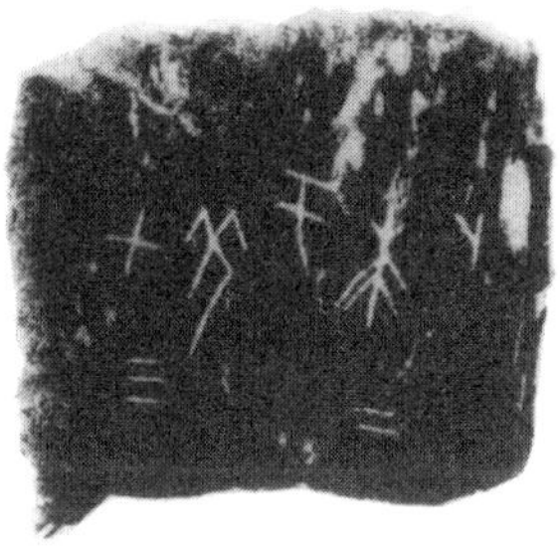

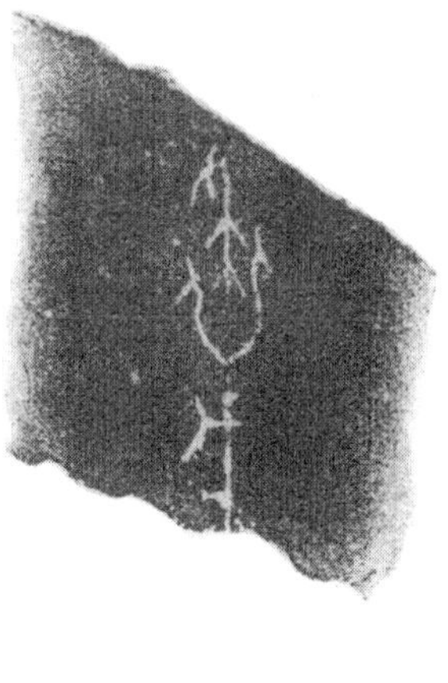

殷虛書契前編卷一

殷虚書契前編卷一

四十七

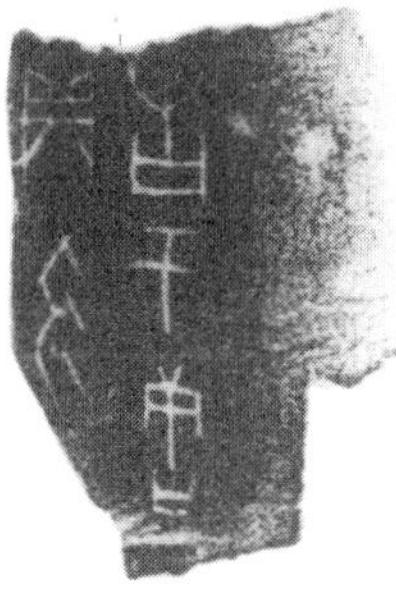

殷虛書契前編卷一　四十八

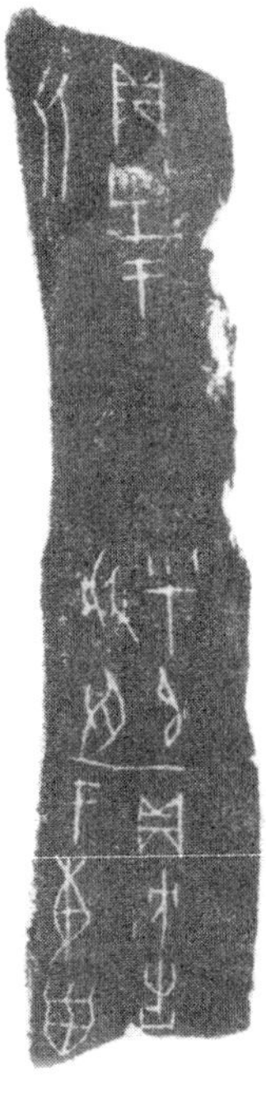

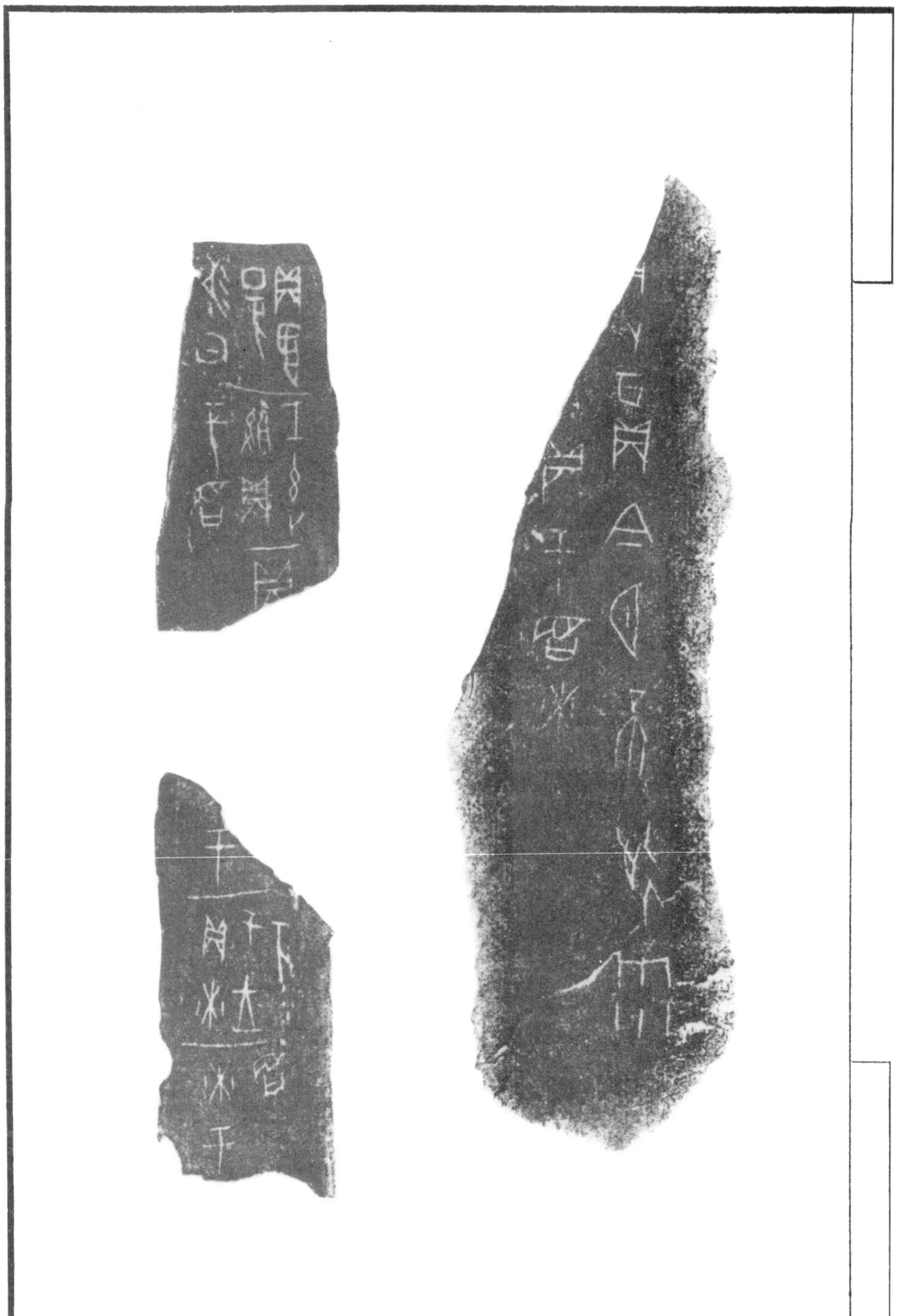

殷虛書契前編卷一　五十一

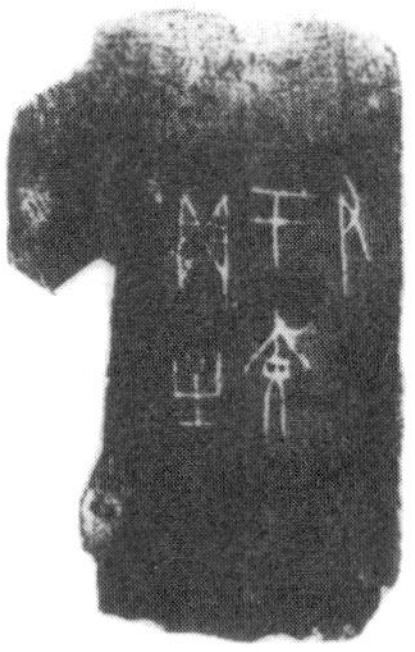

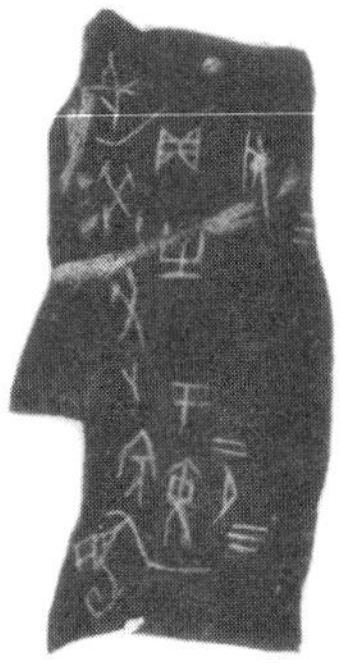

殷虛書契前編卷一

殷虚書契前編卷一

殷虛書契前編卷二

上虞 羅振玉 類次

集古遺文第一

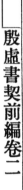

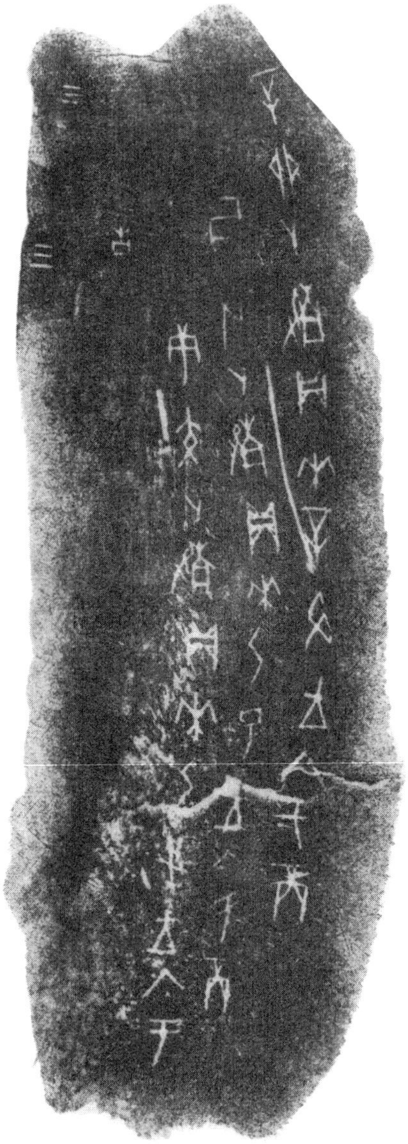

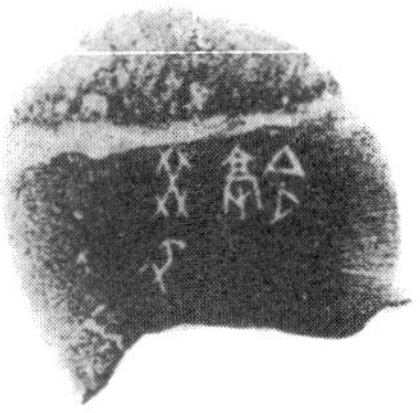

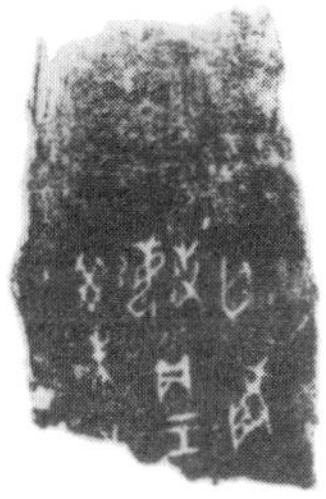

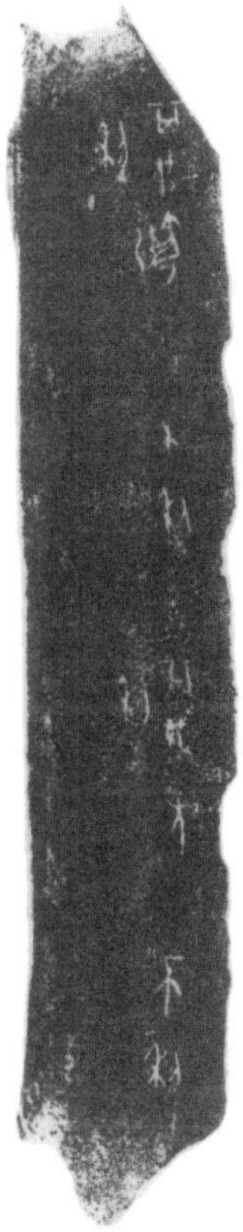

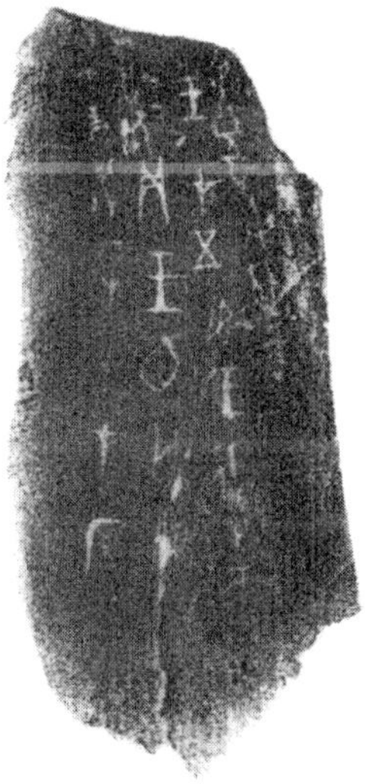

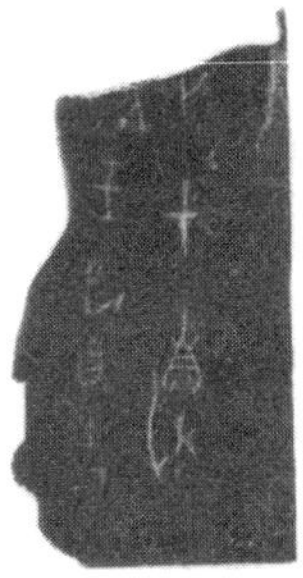

殷虛書契前編卷二

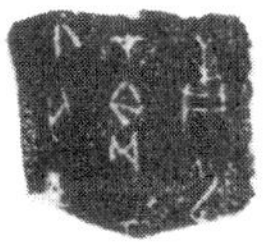

殷虛書契前編卷二

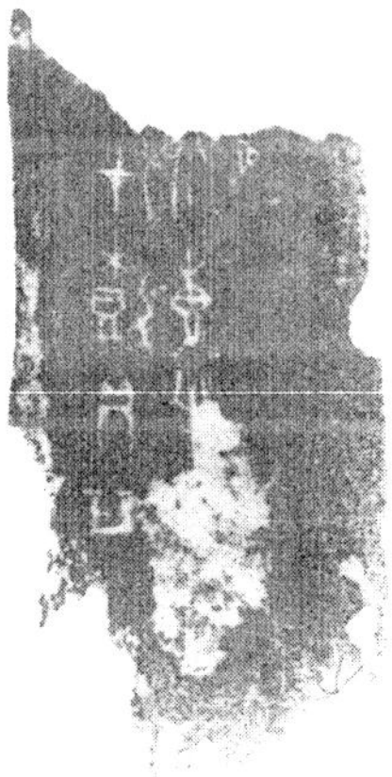

殷虛書契前編卷二

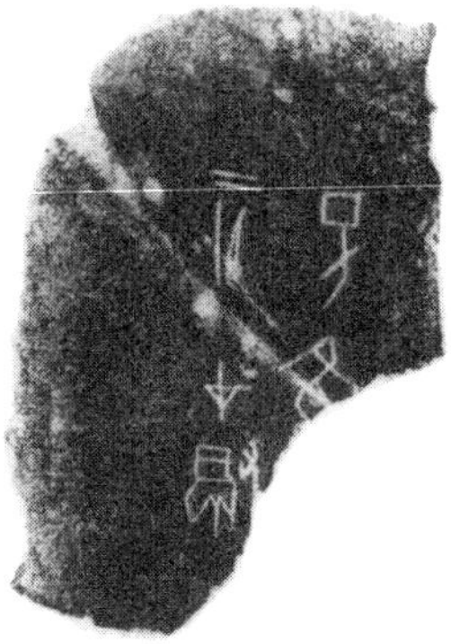

殷虛書契前編卷二

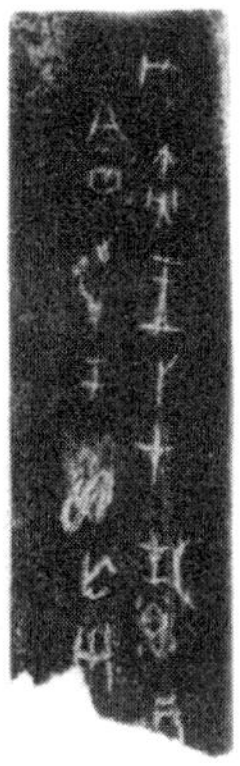

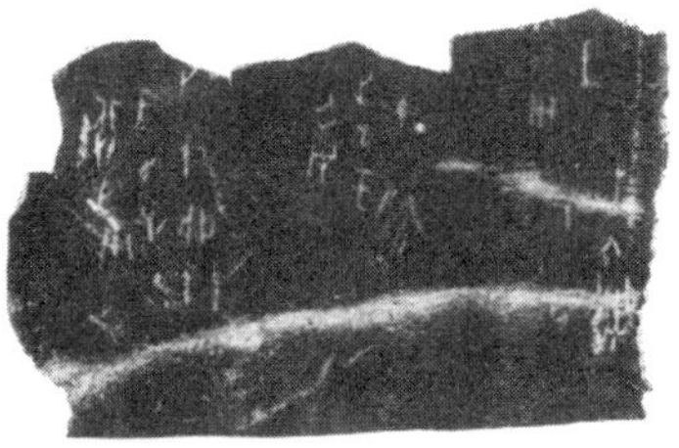

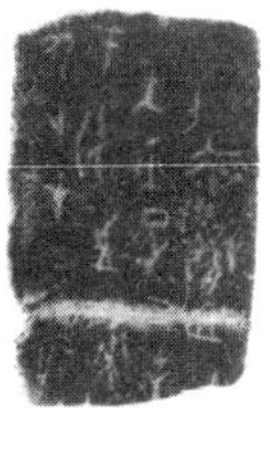

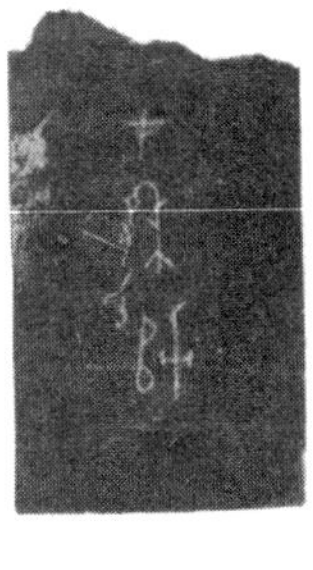

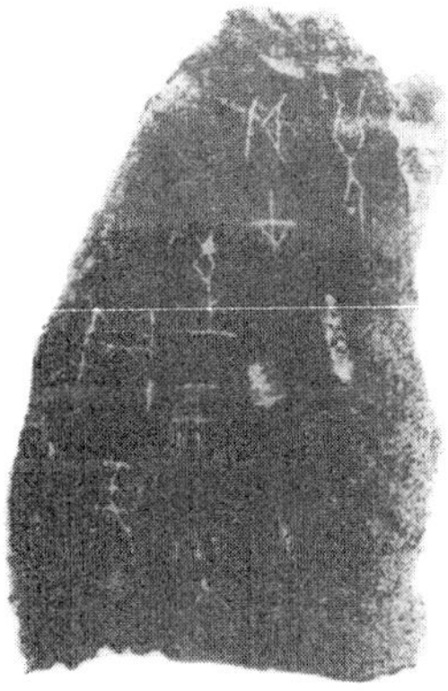

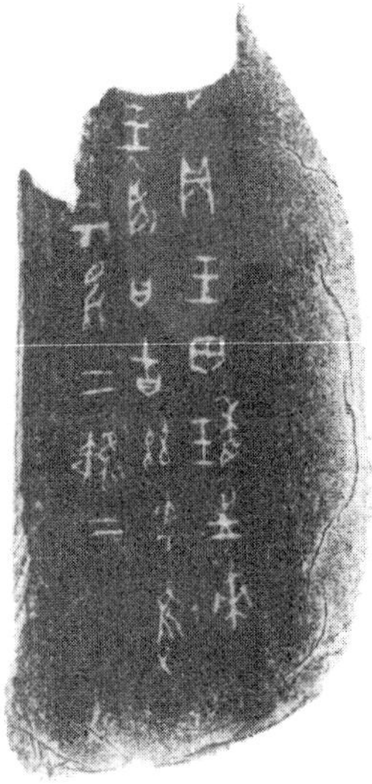

殷虚書契前編卷二

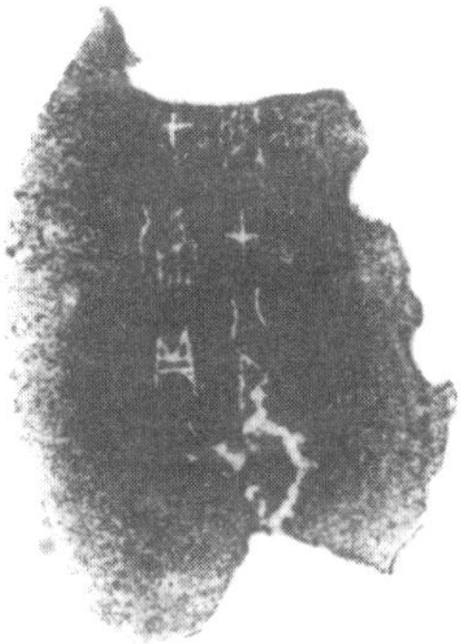

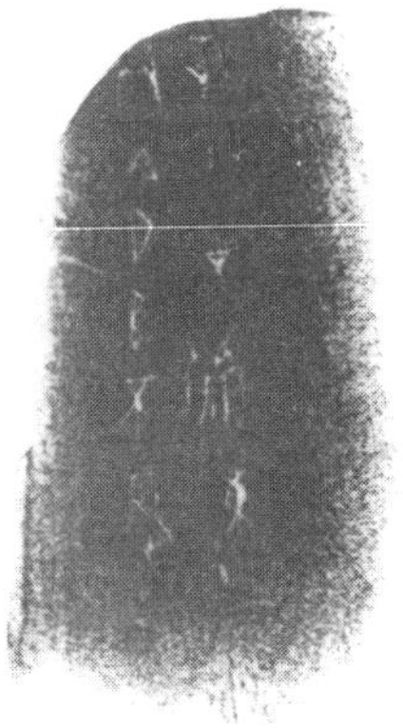

殷虚書契前編卷二

十三

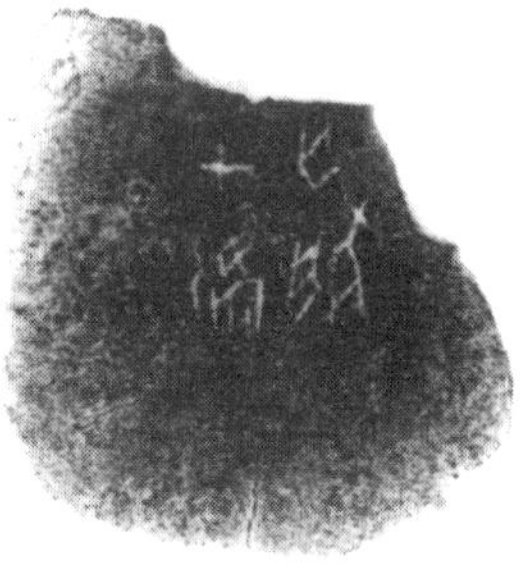

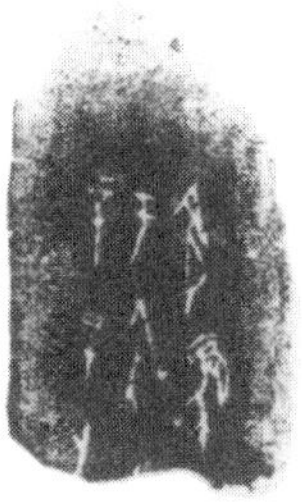

殷虛書契前編卷二

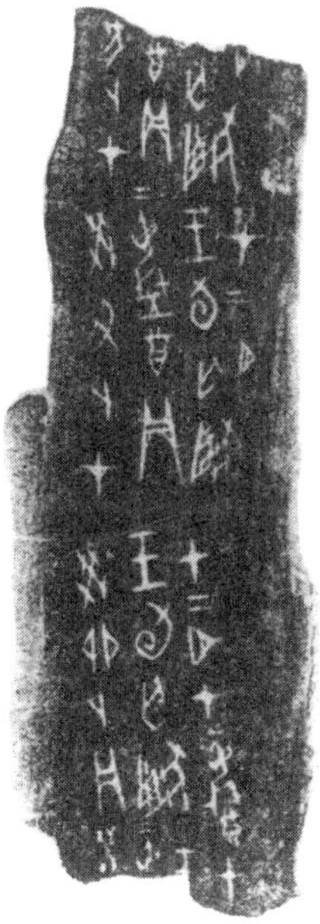

十四

殷虚書契前編卷二

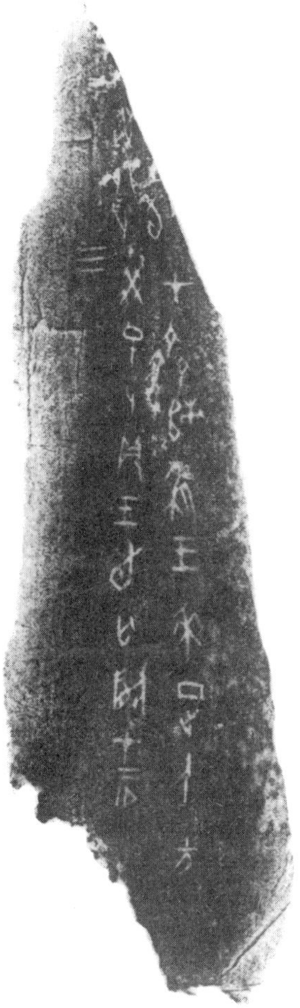

十五

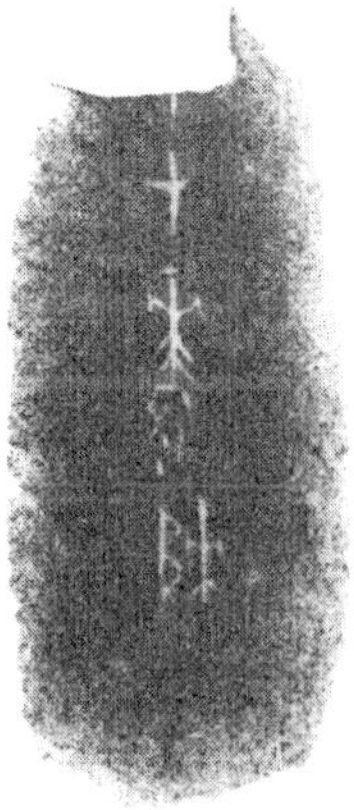

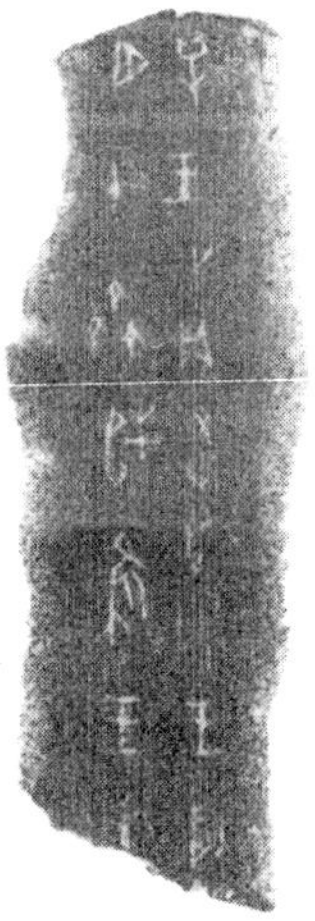

殷虛書契前編卷二

十七

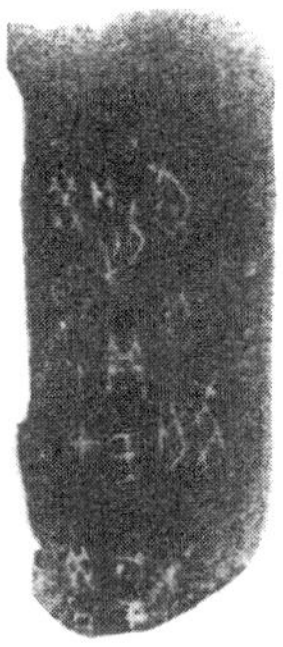

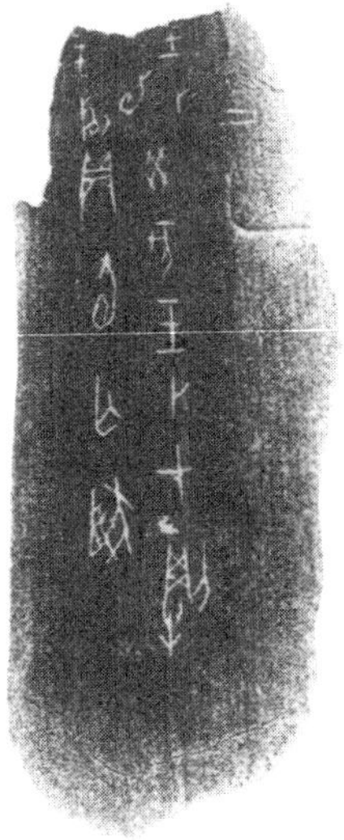

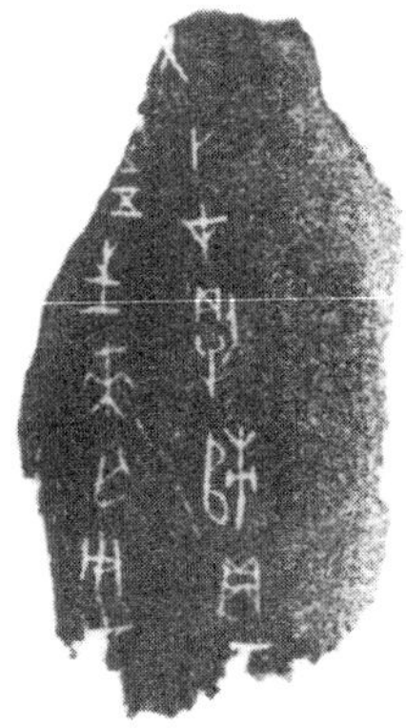

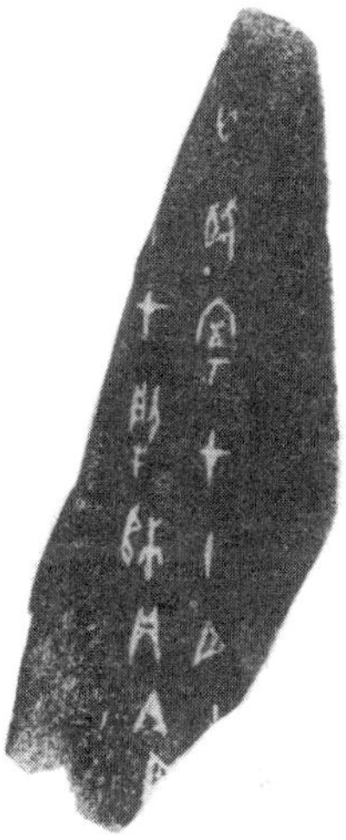

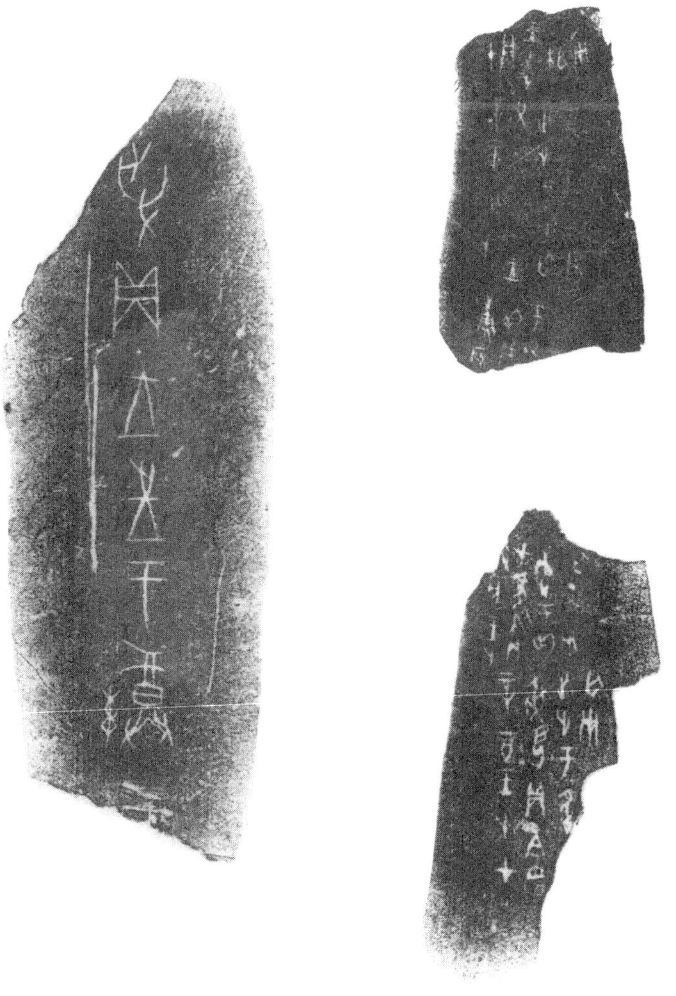

殷虛書契前編卷二

二十

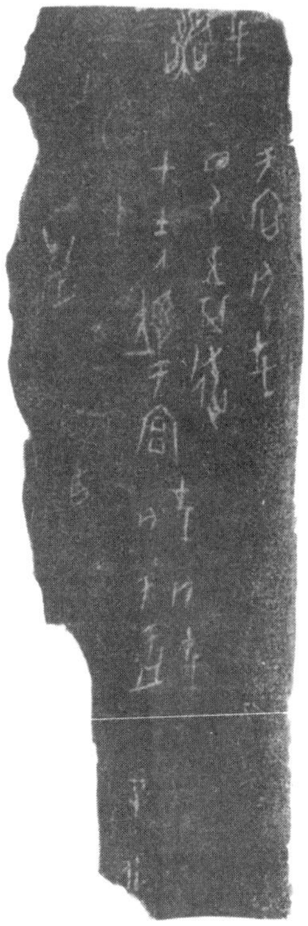

殷虛書契前編卷二

二十一

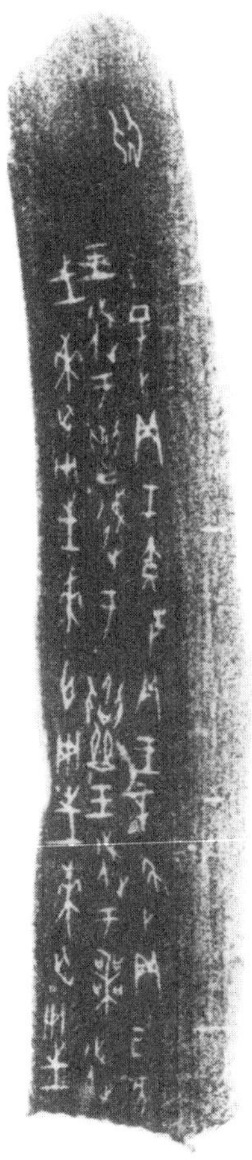

殷虛書契前編卷二

二十二

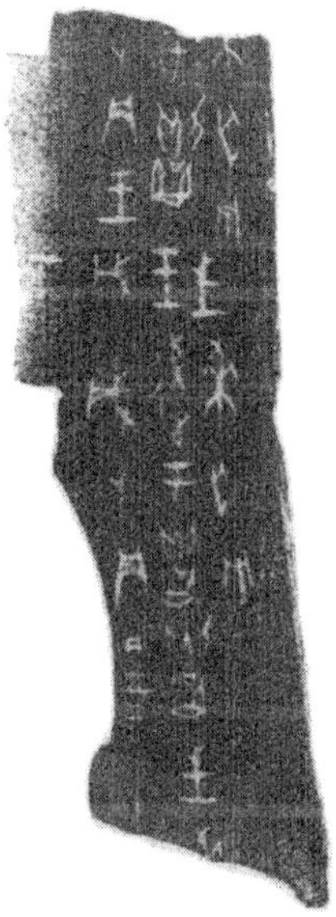

殷虛書契前編卷二

二十四

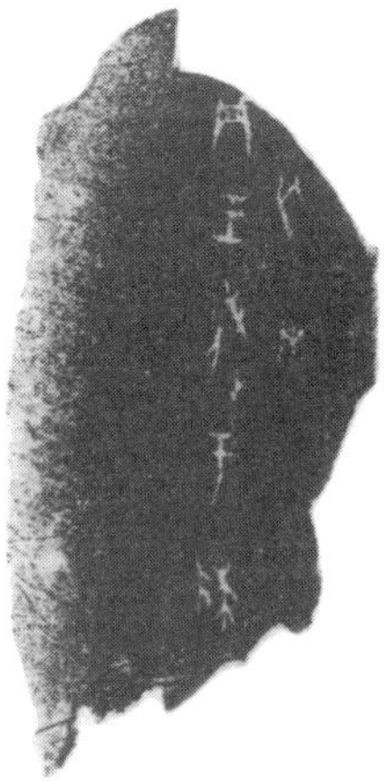

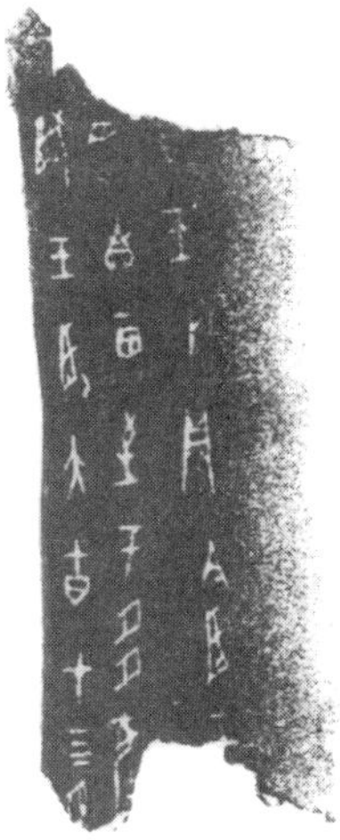

殷虛書契前編卷二

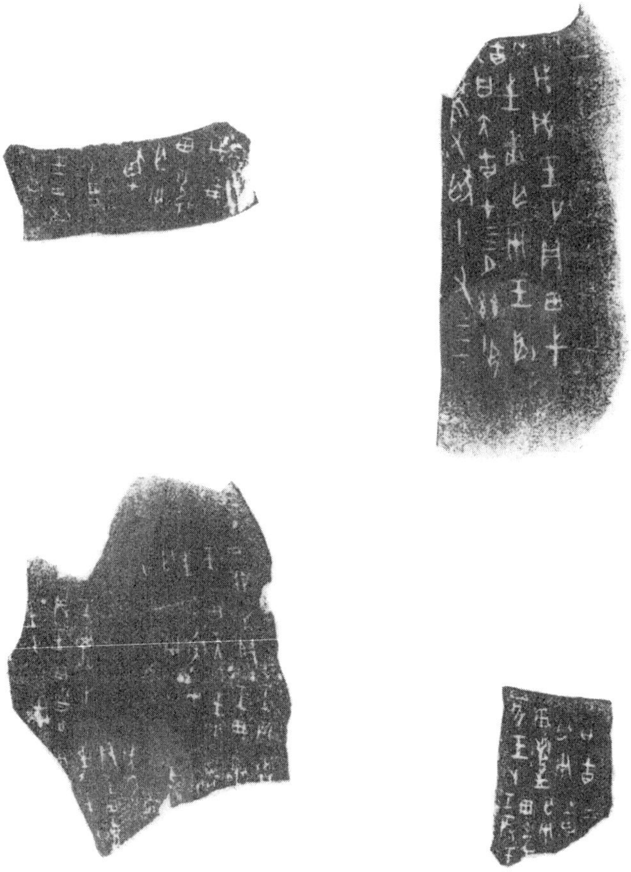

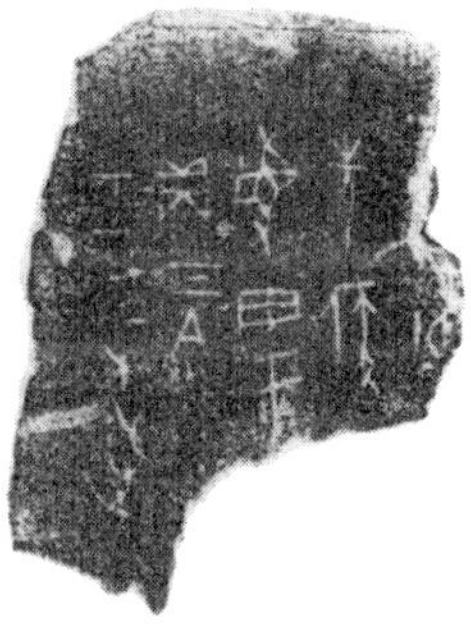

殷虛書契前編卷二

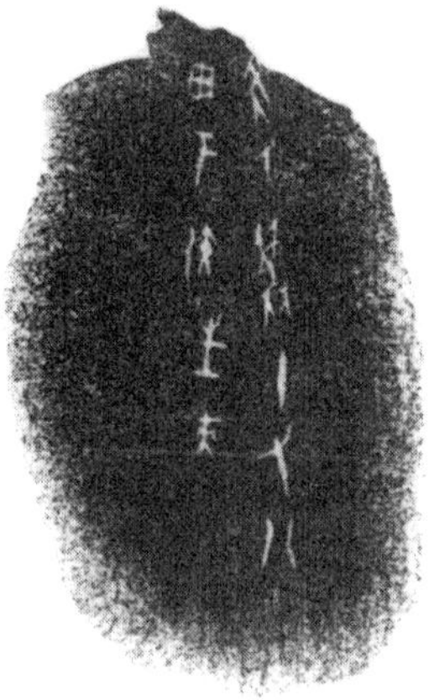

殷虚書契前編卷二 三十四

殷虛書契前編卷二

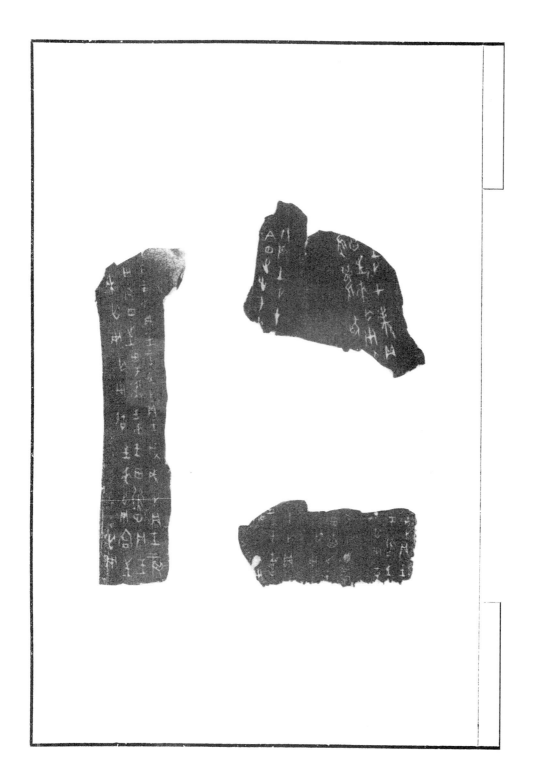

殷虛書契前編卷二

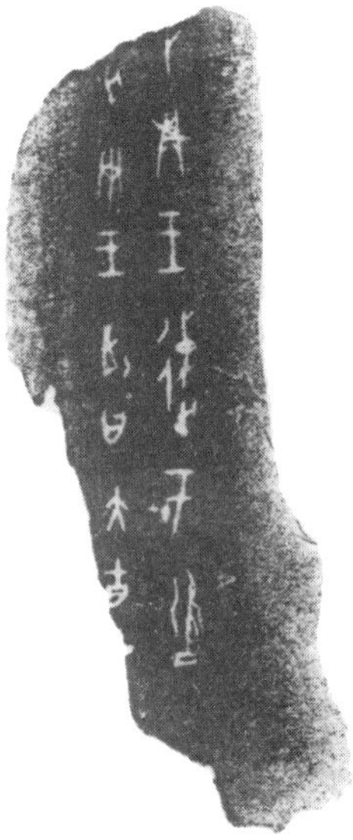

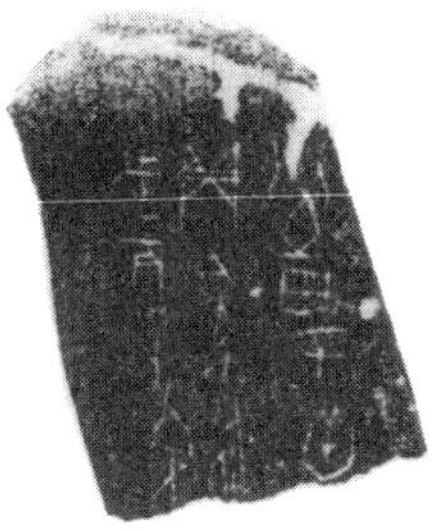

殷虛書契前編卷二

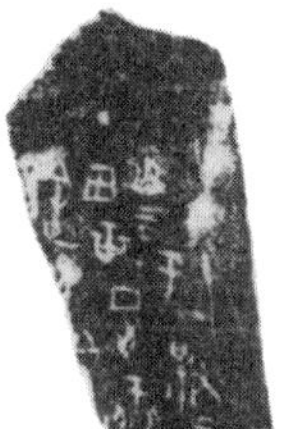

三十八

殷虛書契前編卷二

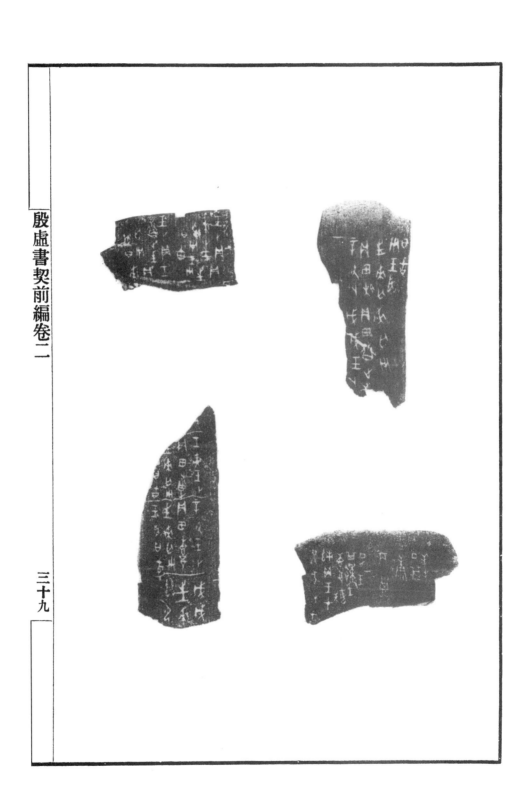

殷虛書契前編卷二

四十

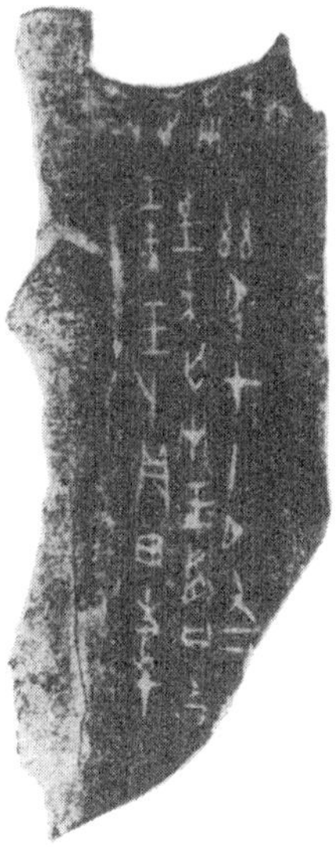

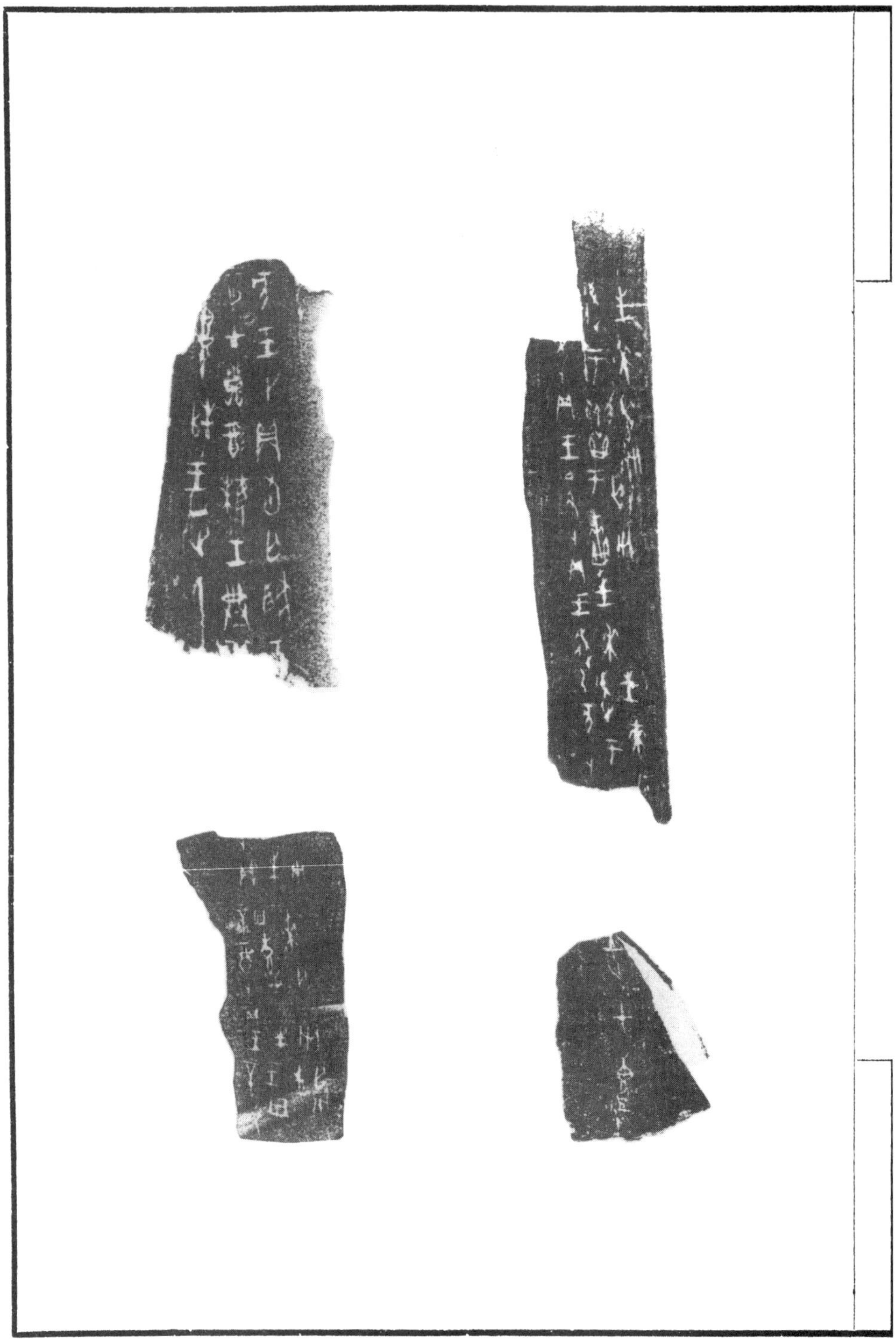

殷虚書契前編卷二

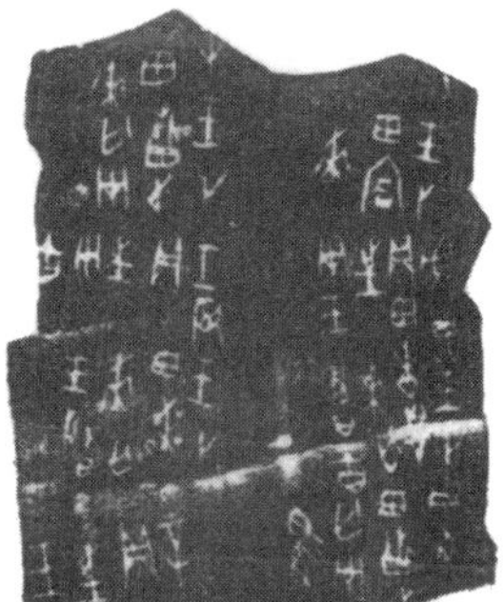

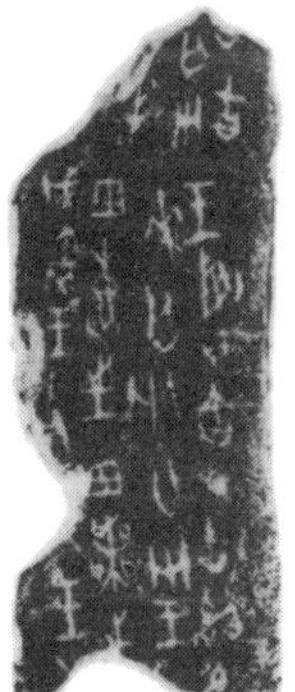

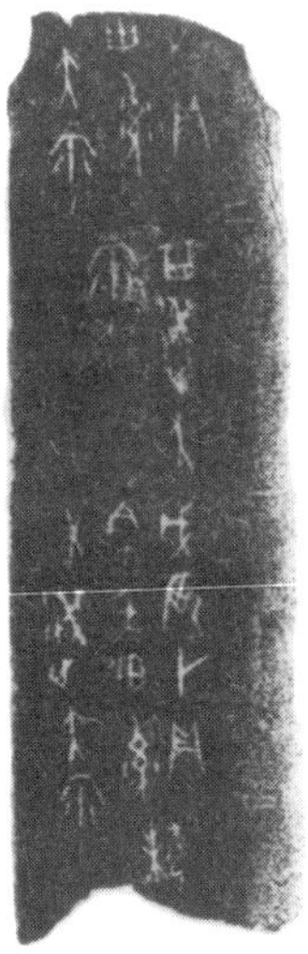

殷虛書契前編卷二

四十三

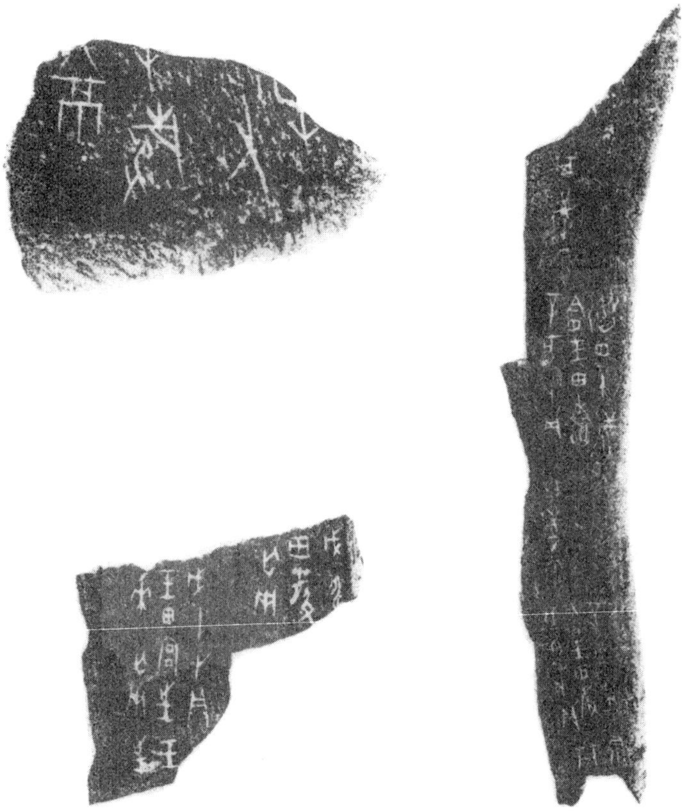

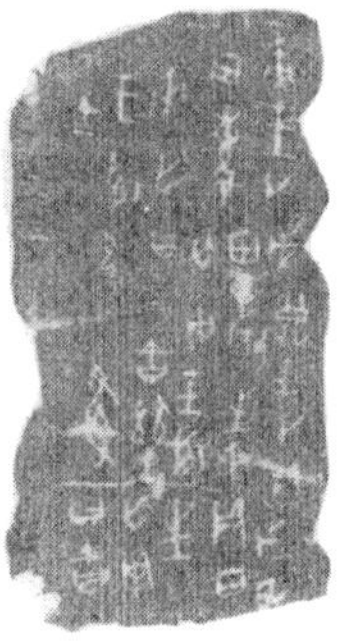

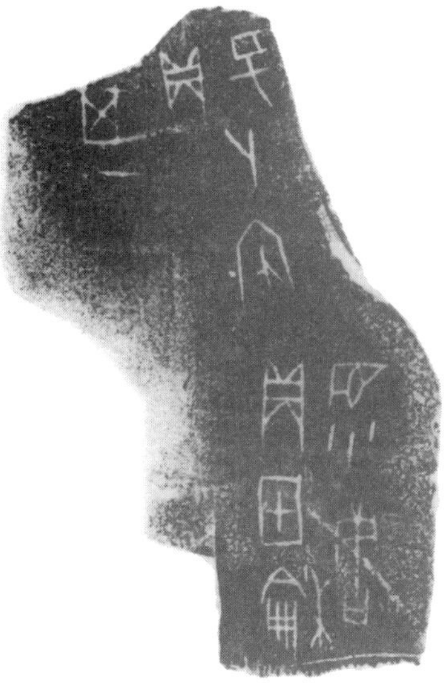

殷虚書契前編卷二

殷虛書契前編卷三

集古遺文第一

上虞 羅振玉 類次

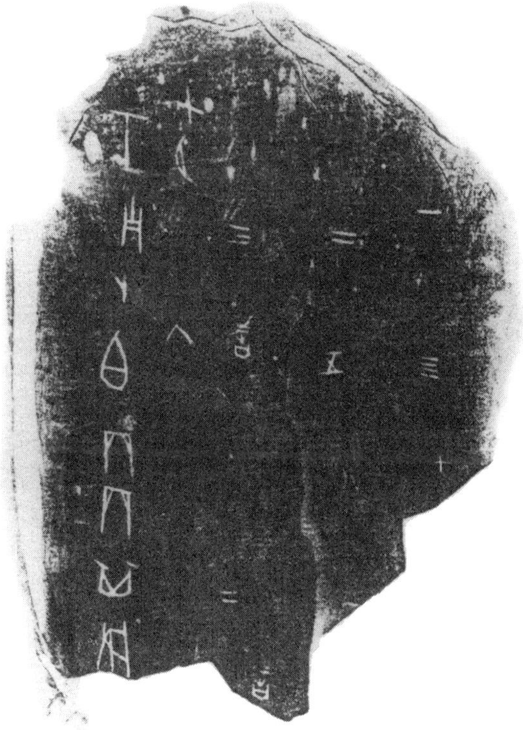

殷虛書契前編卷三

殷虛書契前編卷三 四

殷虛書契前編卷三

五

殷虛書契前編卷三

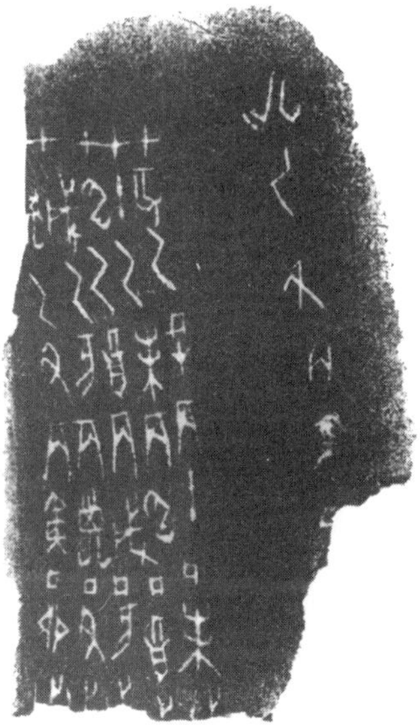

殷虛書契前編卷三

七

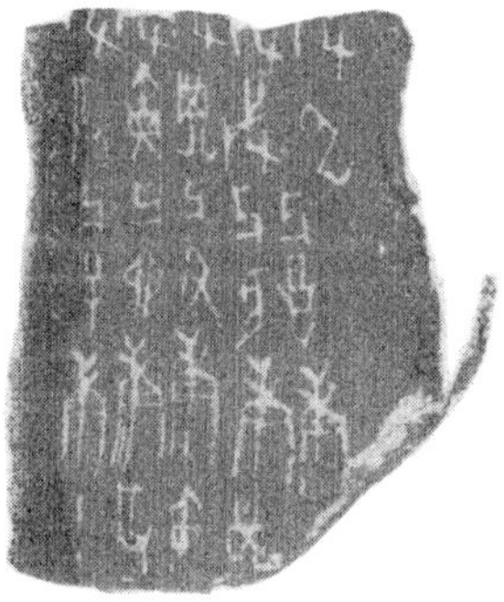

殷虛書契前編卷三

八

殷虛書契前編卷三

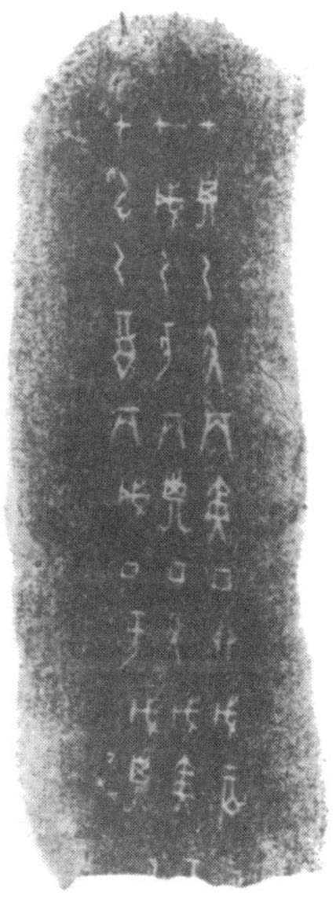

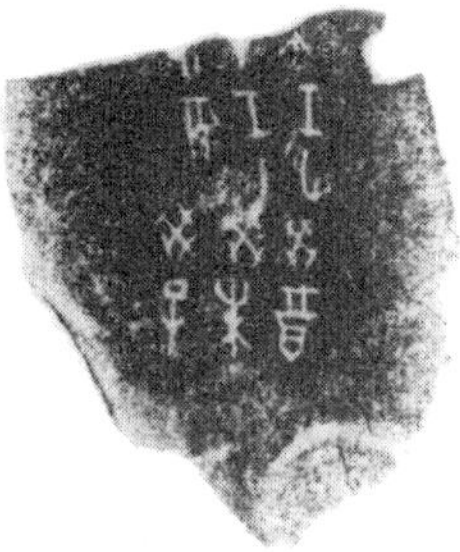

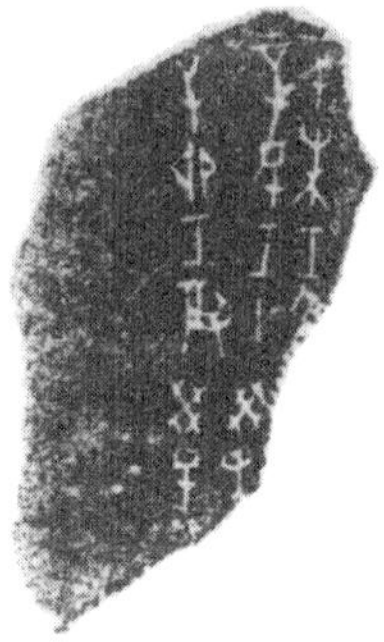

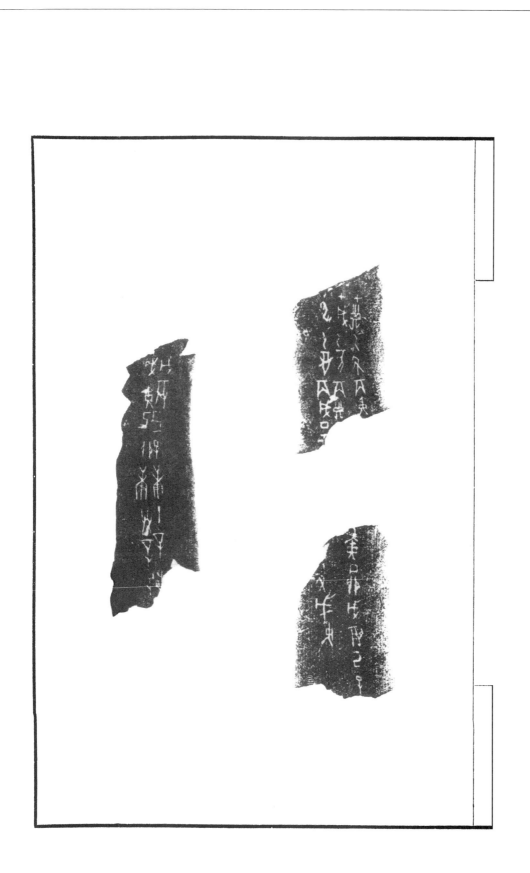

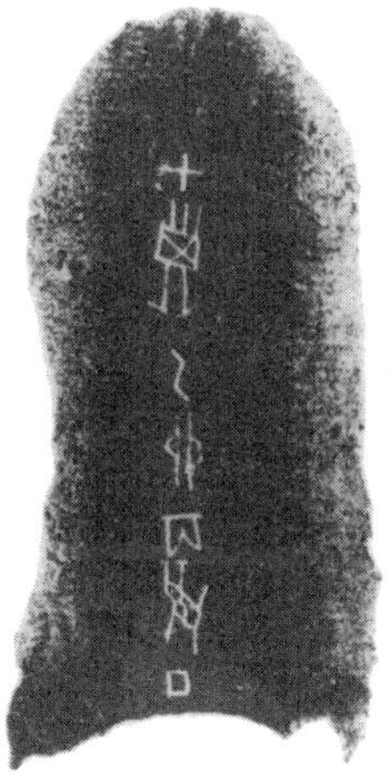

殷虛書契前編卷三

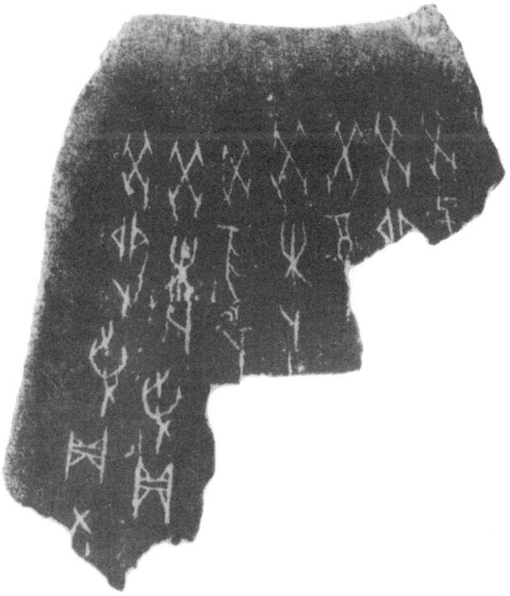

十四

殷虛書契前編卷三

殷虛書契前編卷三

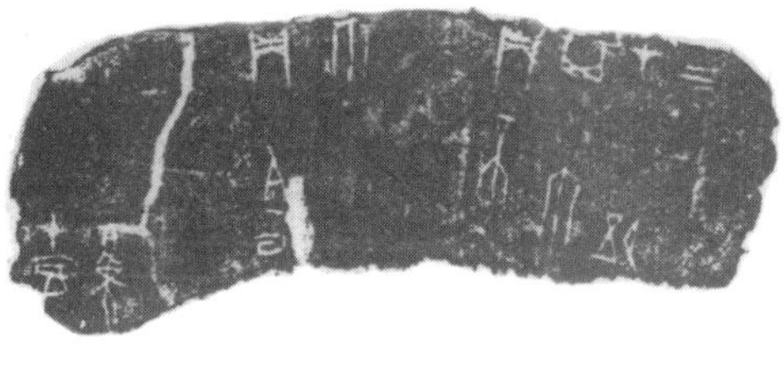

十六

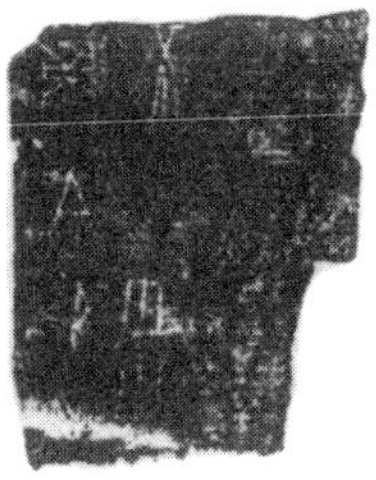

殷虛書契前編卷三

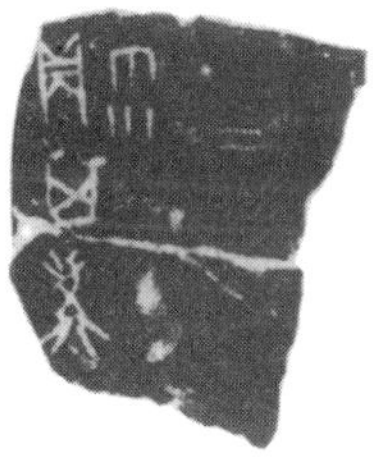

十八

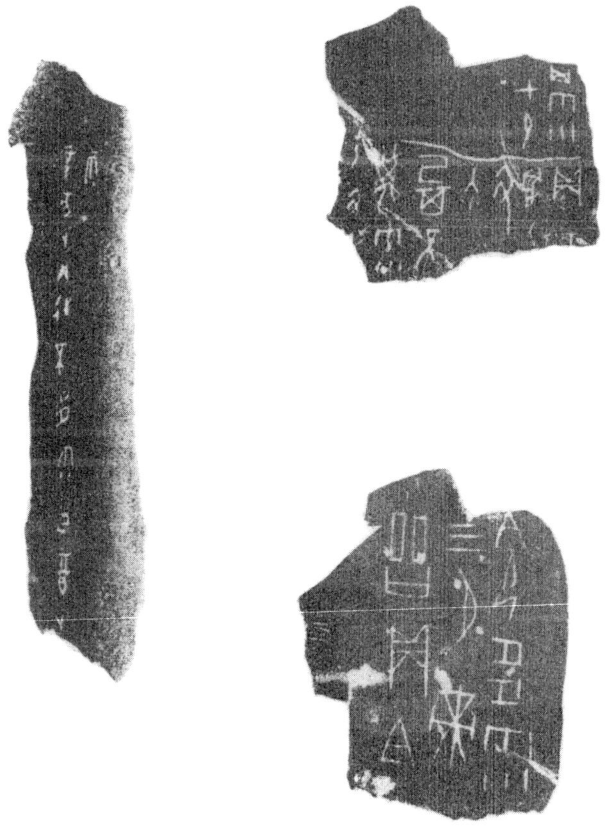

殷虚書契前編卷三

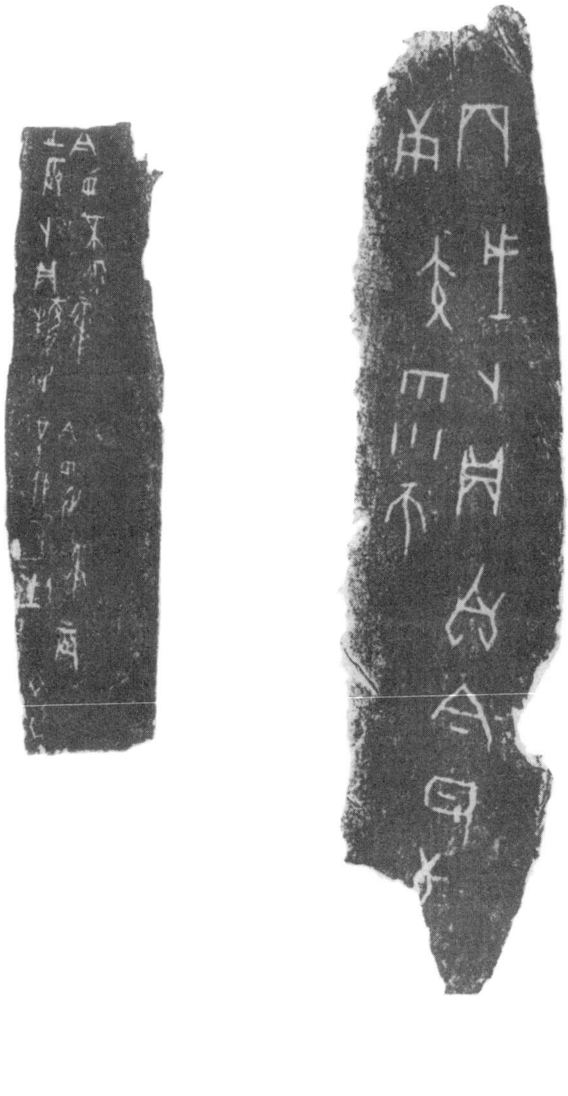

殷虚書契前編卷三

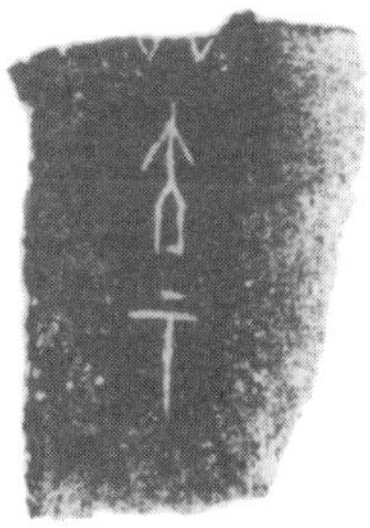

二十二

殷虛書契前編卷三

二十三

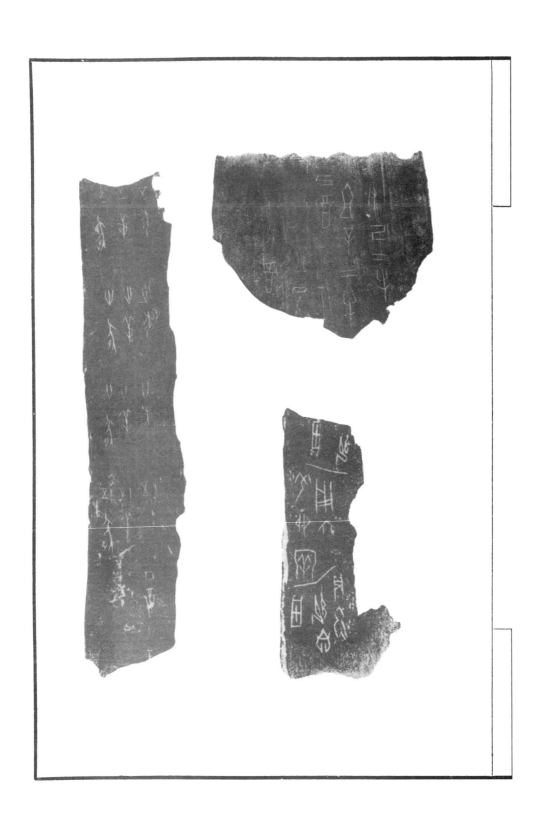

殷虛書契前編卷三

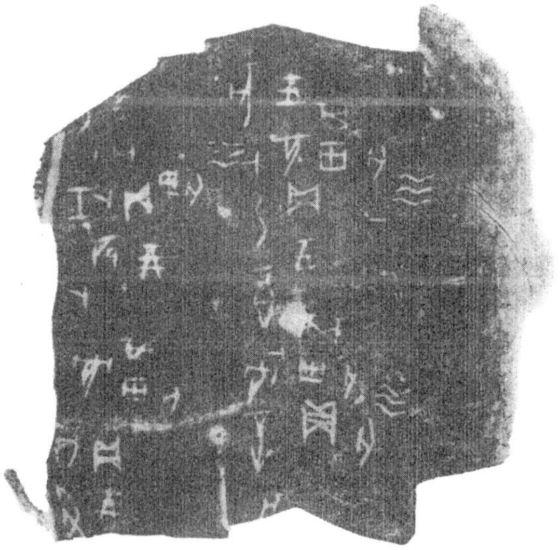

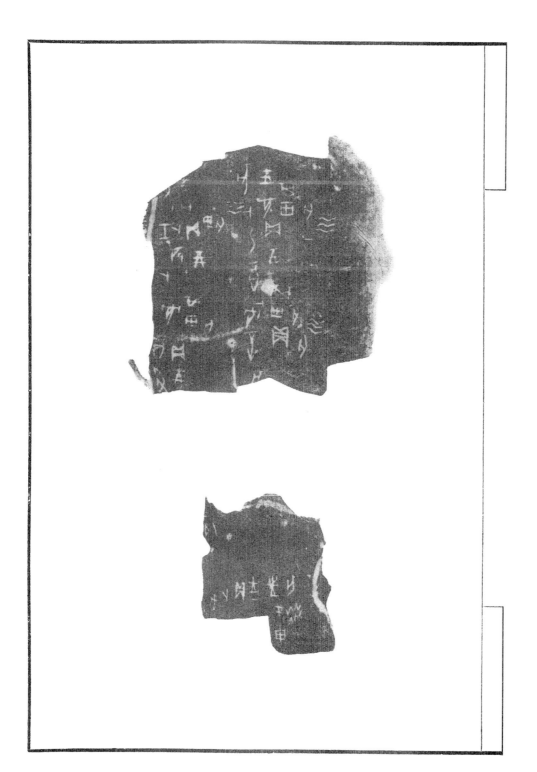

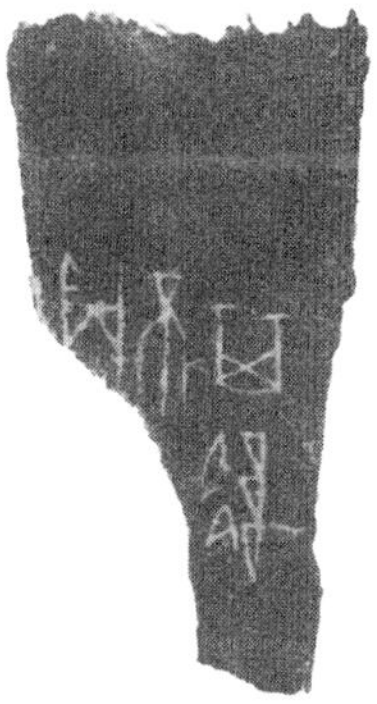

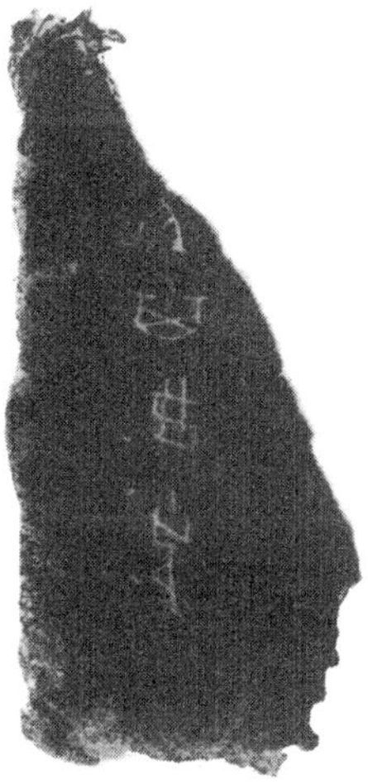

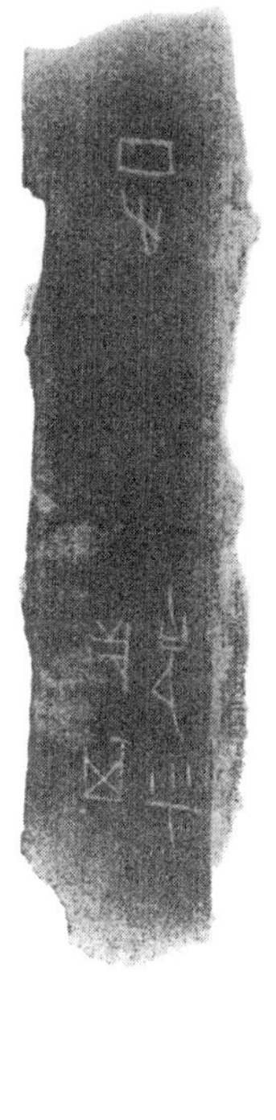

殷虛書契前編卷三

二十七

殷虛書契前編卷三

二十八

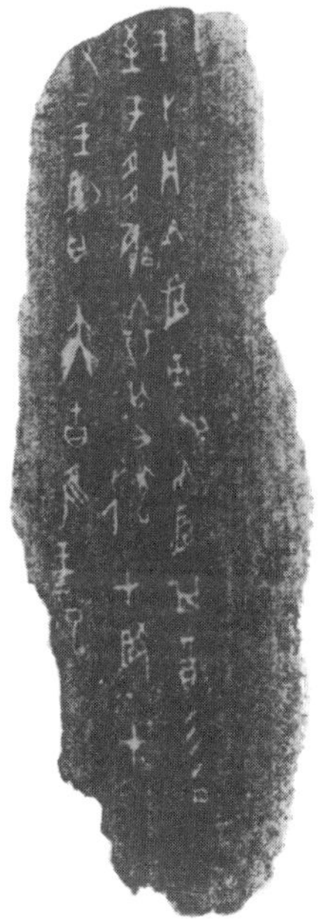

殷虛書契前編卷三

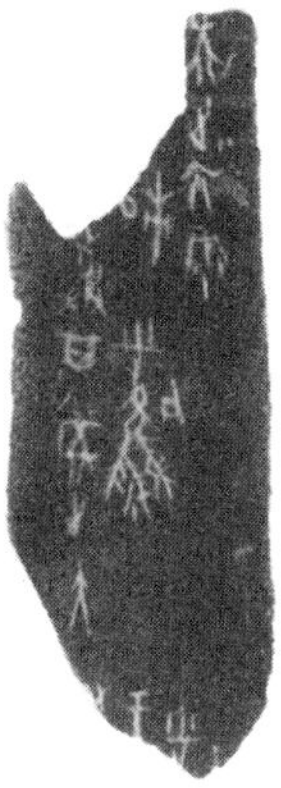

二十九

殷虚書契前編卷三

殷虛書契前編卷三　三十二

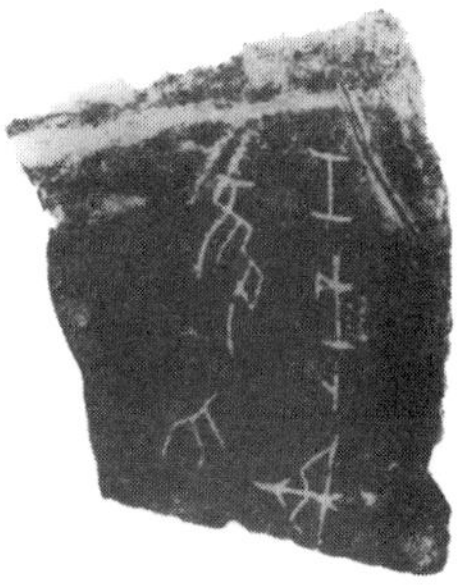

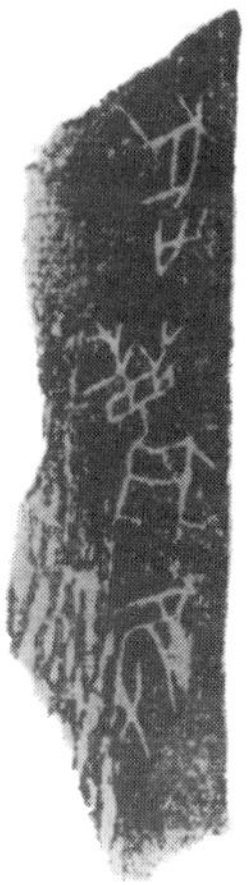

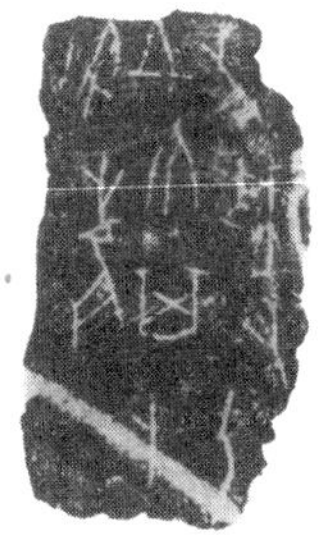

殷虛書契前編卷三

三十三

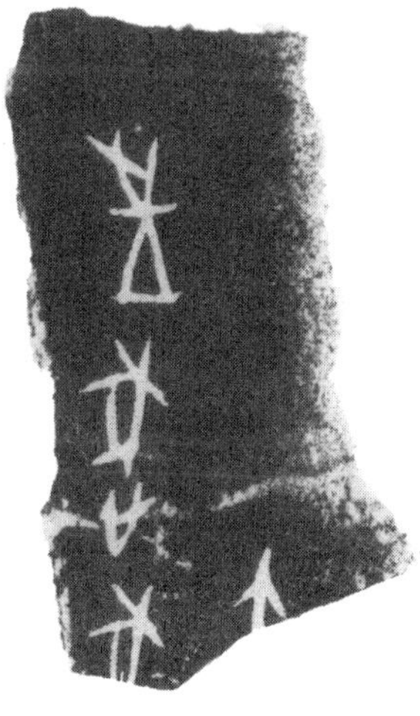

殷虛書契前編卷三

殷虚書契前編卷四

集古遺文第一

上虞 羅振玉 類次

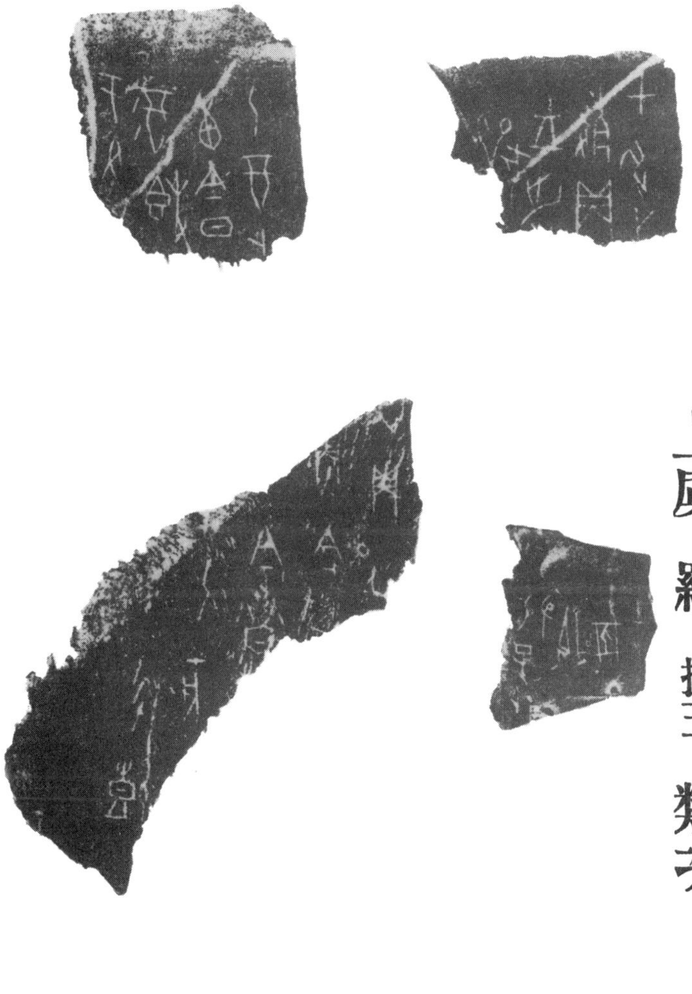

殷虛書契前編卷四

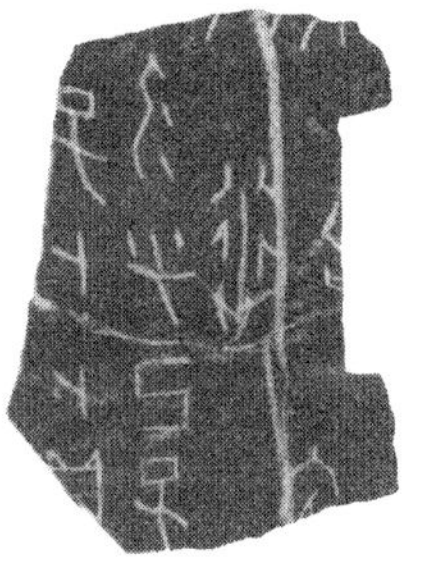

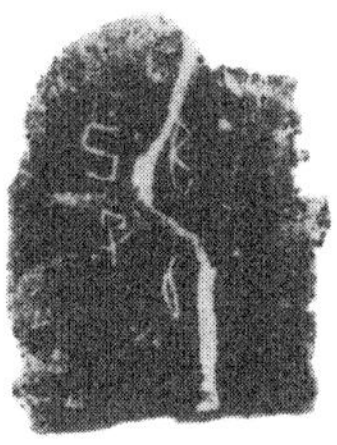

殷虚書契前編卷四

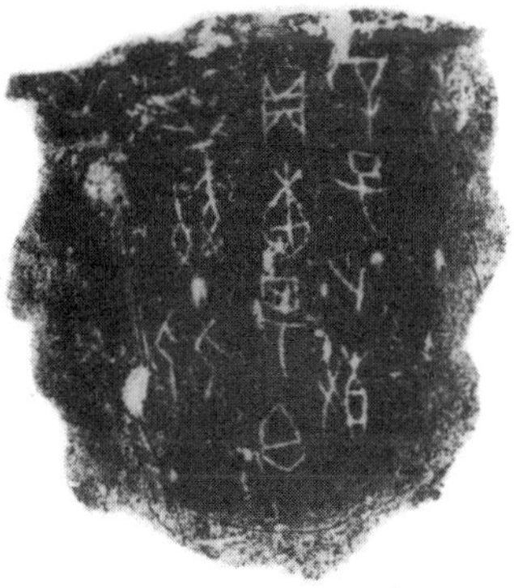

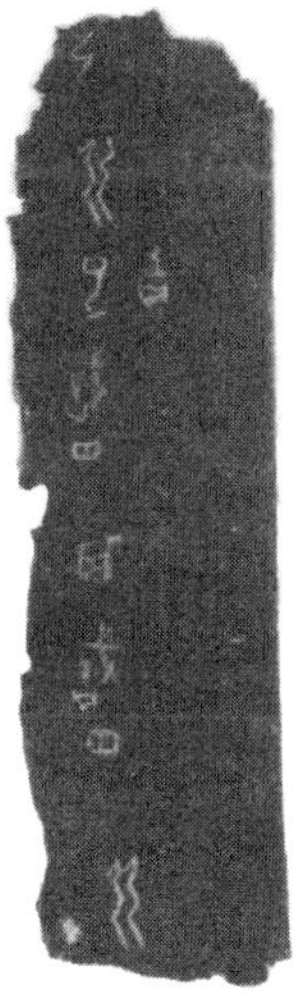

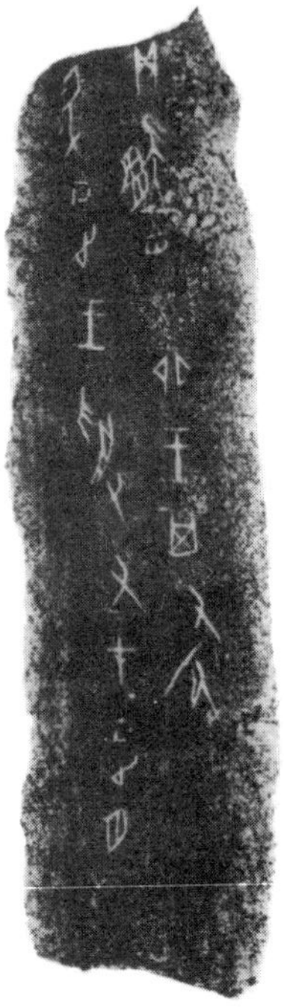

殷虛書契前編卷四

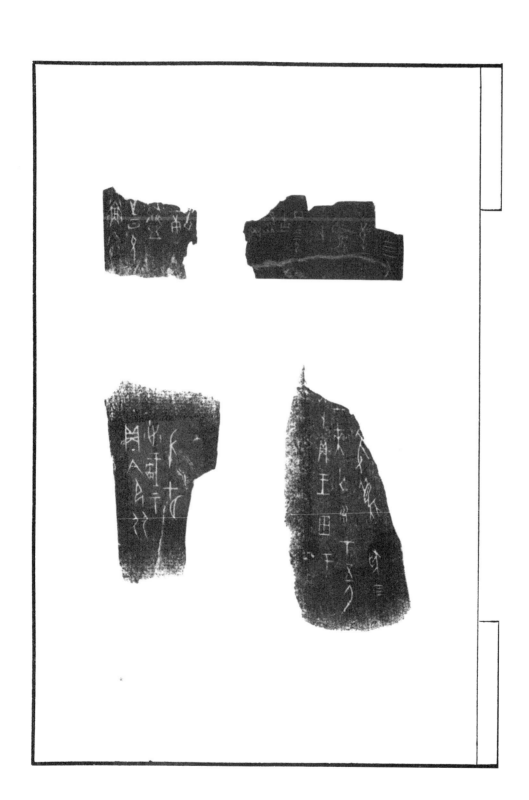

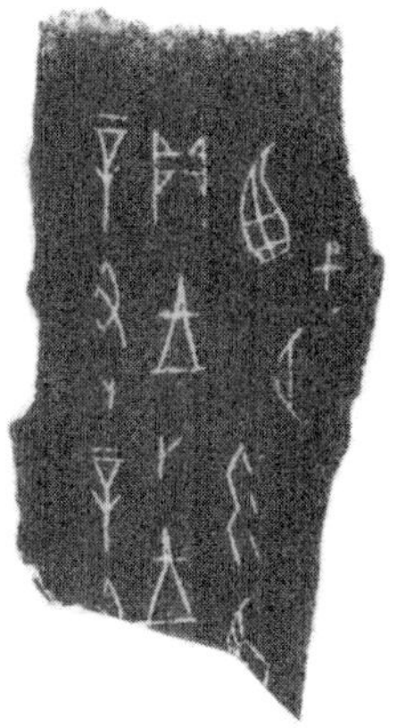

殷虛書契前編卷四

殷虛書契前編卷四

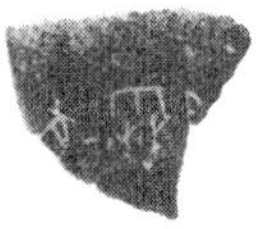

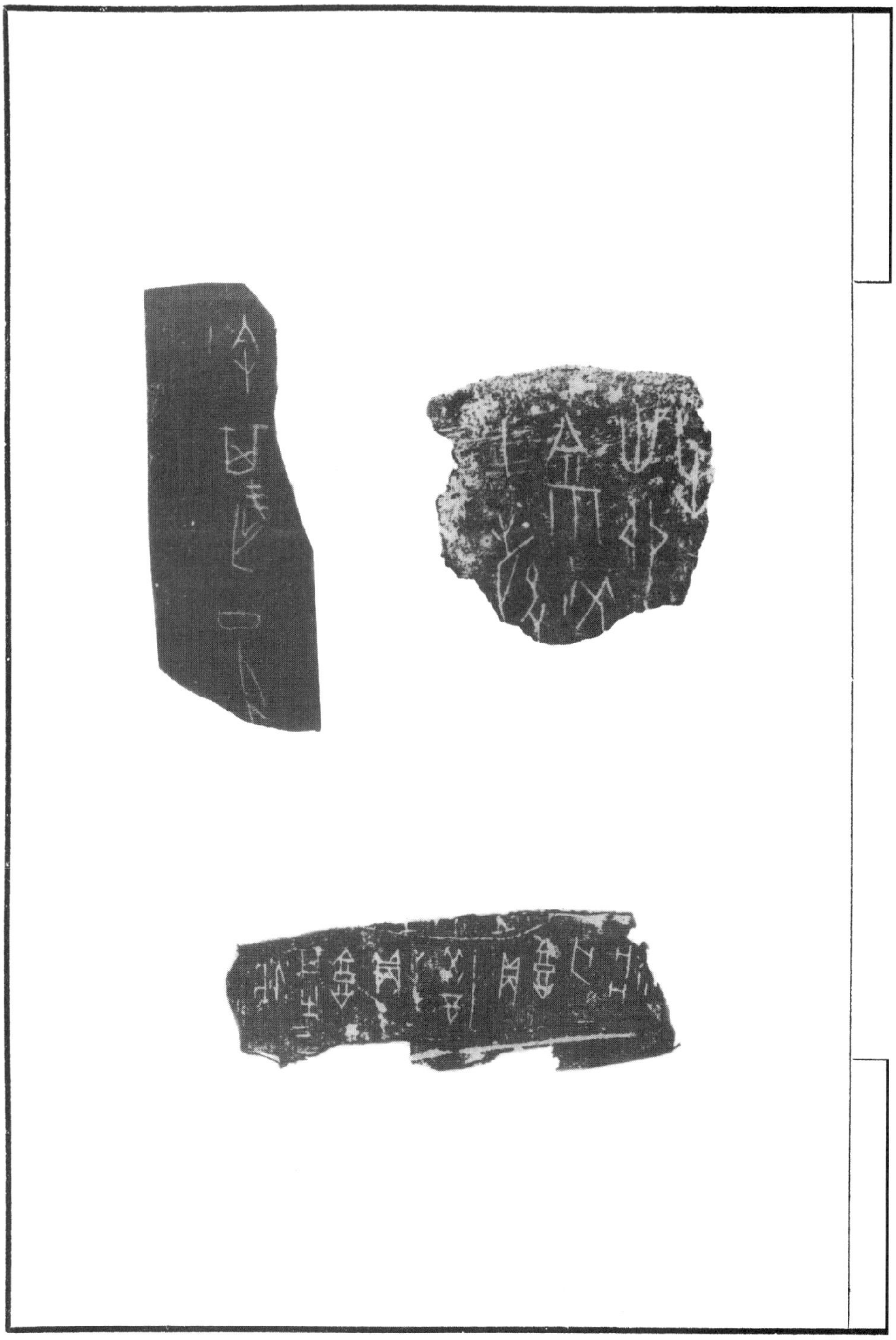

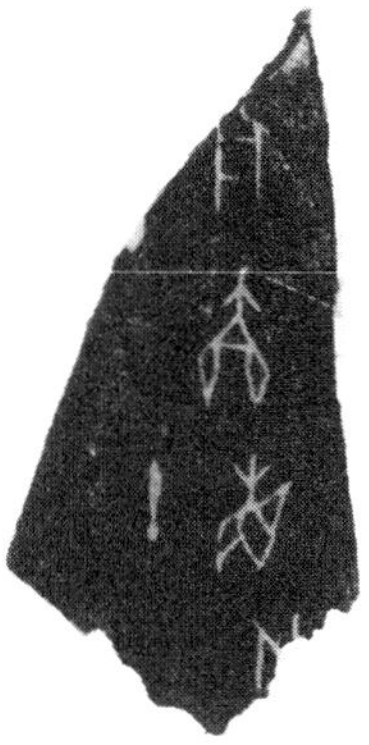

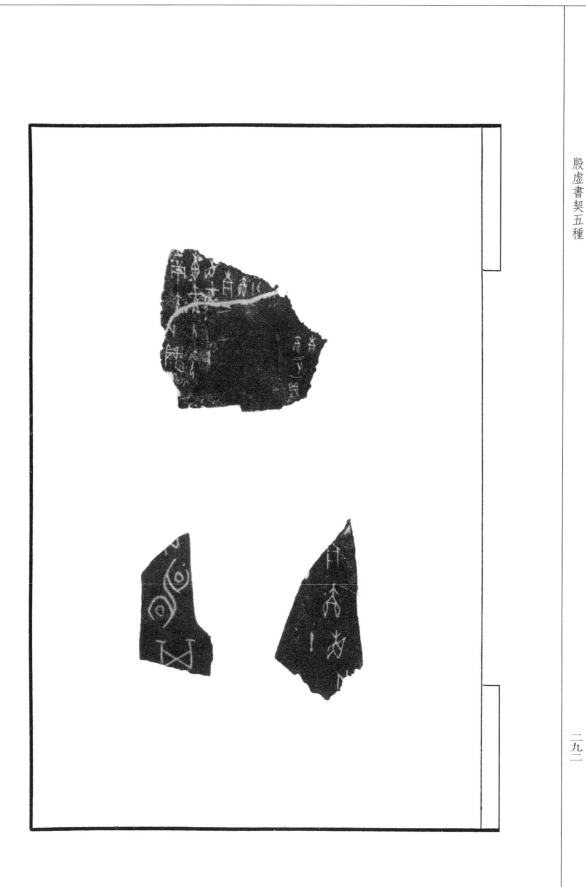

殷虛書契前編卷四

十二

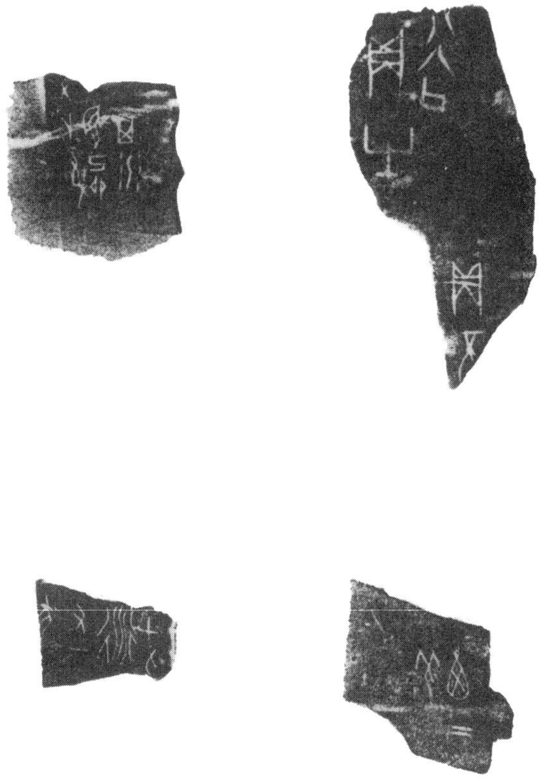

殷虛書契前編卷四

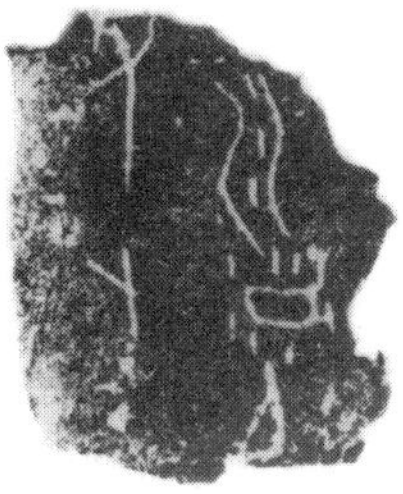

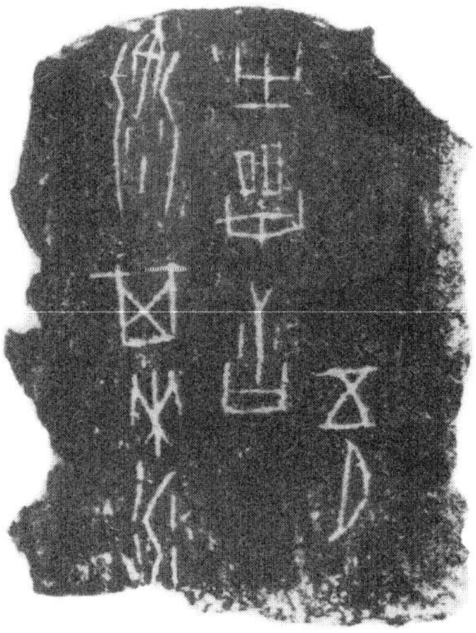

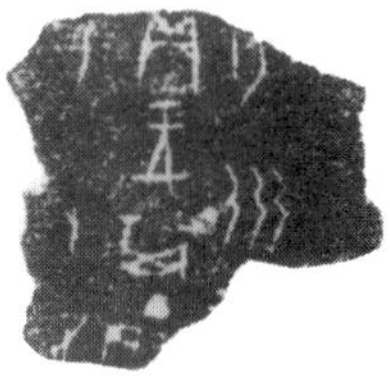

殷虚書契前編卷四

十六

殷虛書契前編卷四

十七

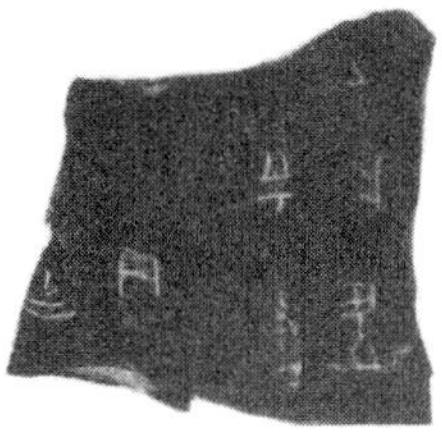

殷虛書契前編卷四

十九

殷虛書契前編卷四

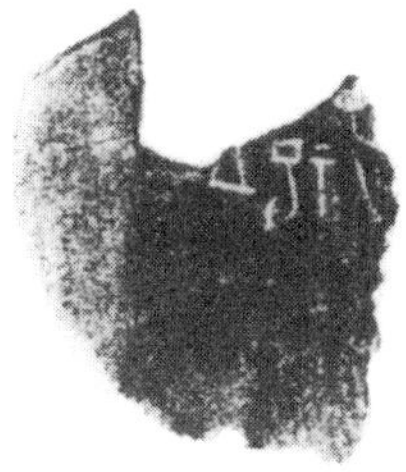

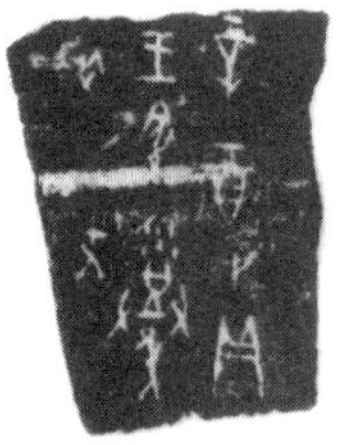

殷虛書契前編卷四

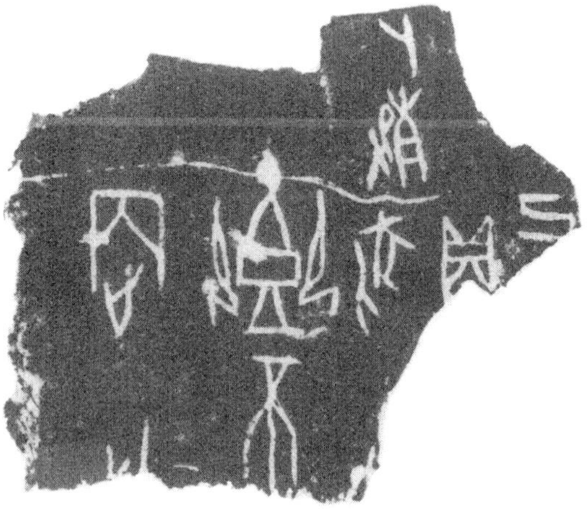

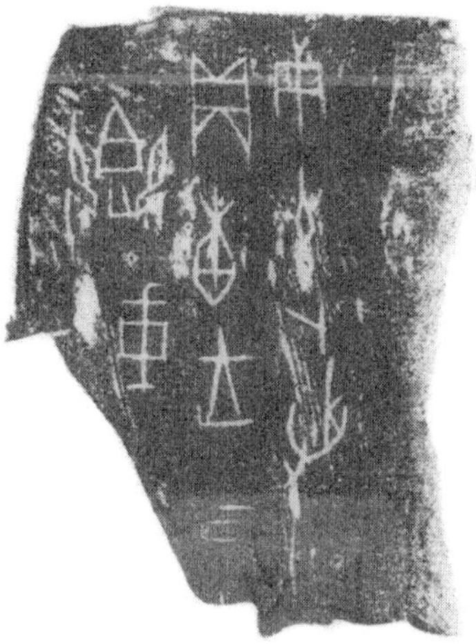

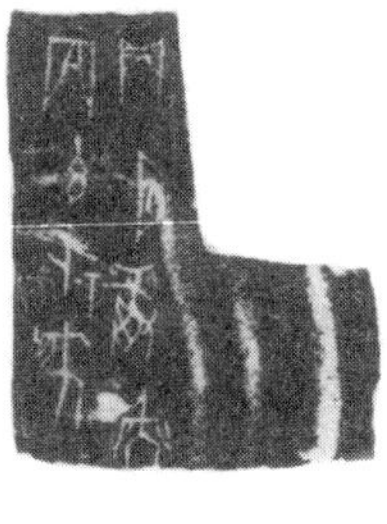

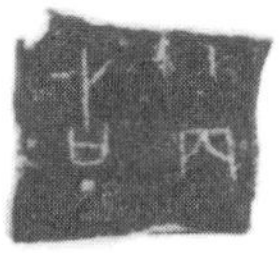

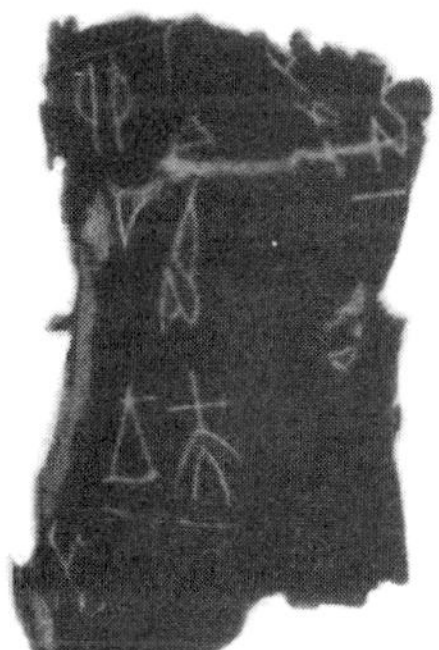

殷虛書契前編卷四

二十六

殷虛書契前編卷四

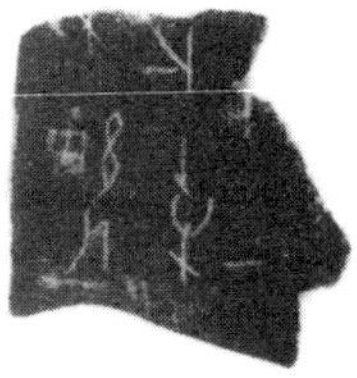

殷虛書契前編卷四

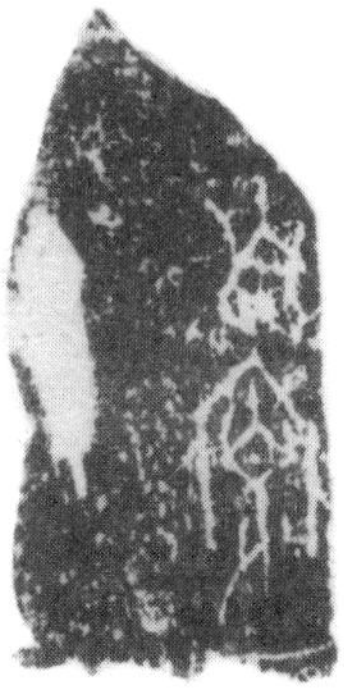

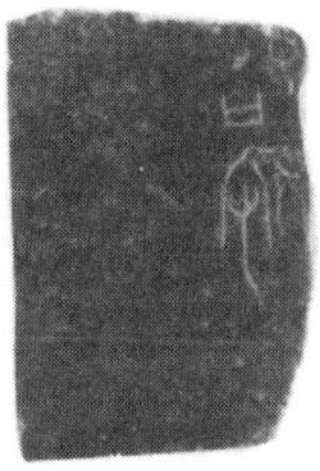

二十九

殷虛書契前編卷四

三十

殷虛書契前編卷四

三十一

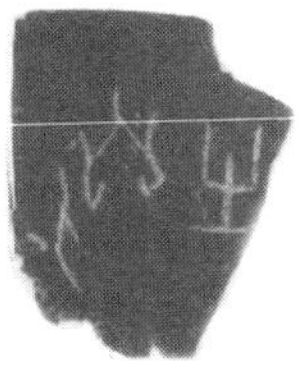

殷虛書契前編卷四

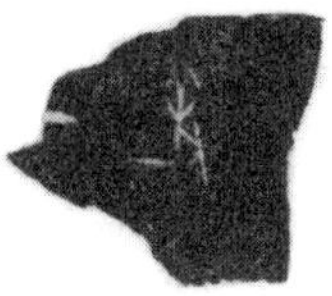

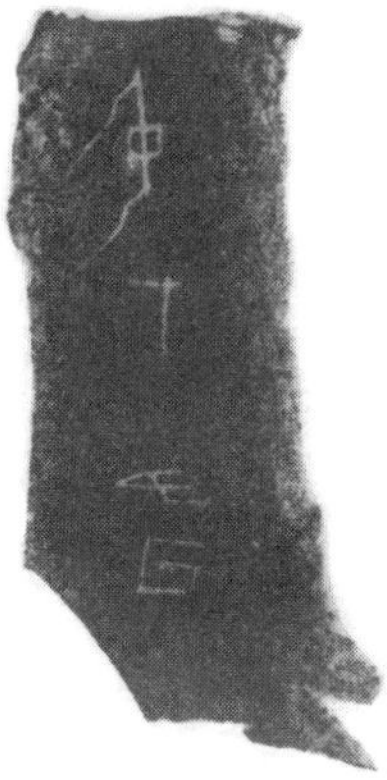

殷虛書契前編卷四

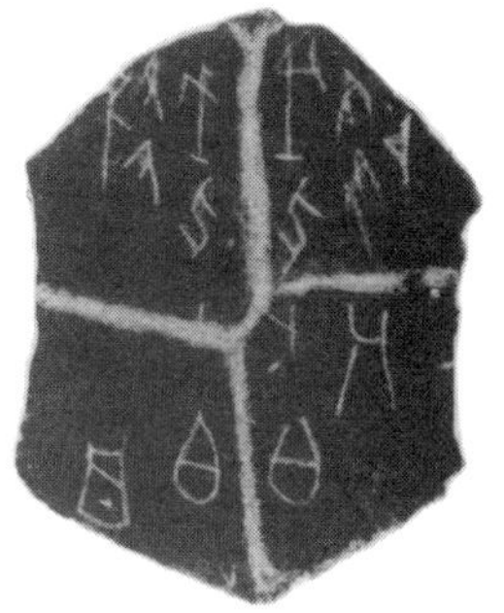

殷虛書契前編卷四

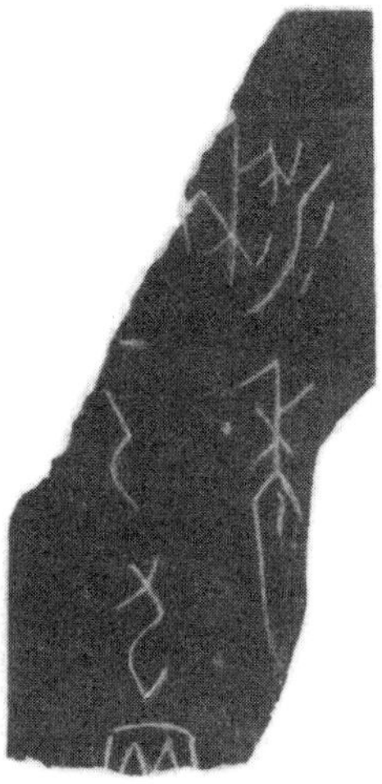

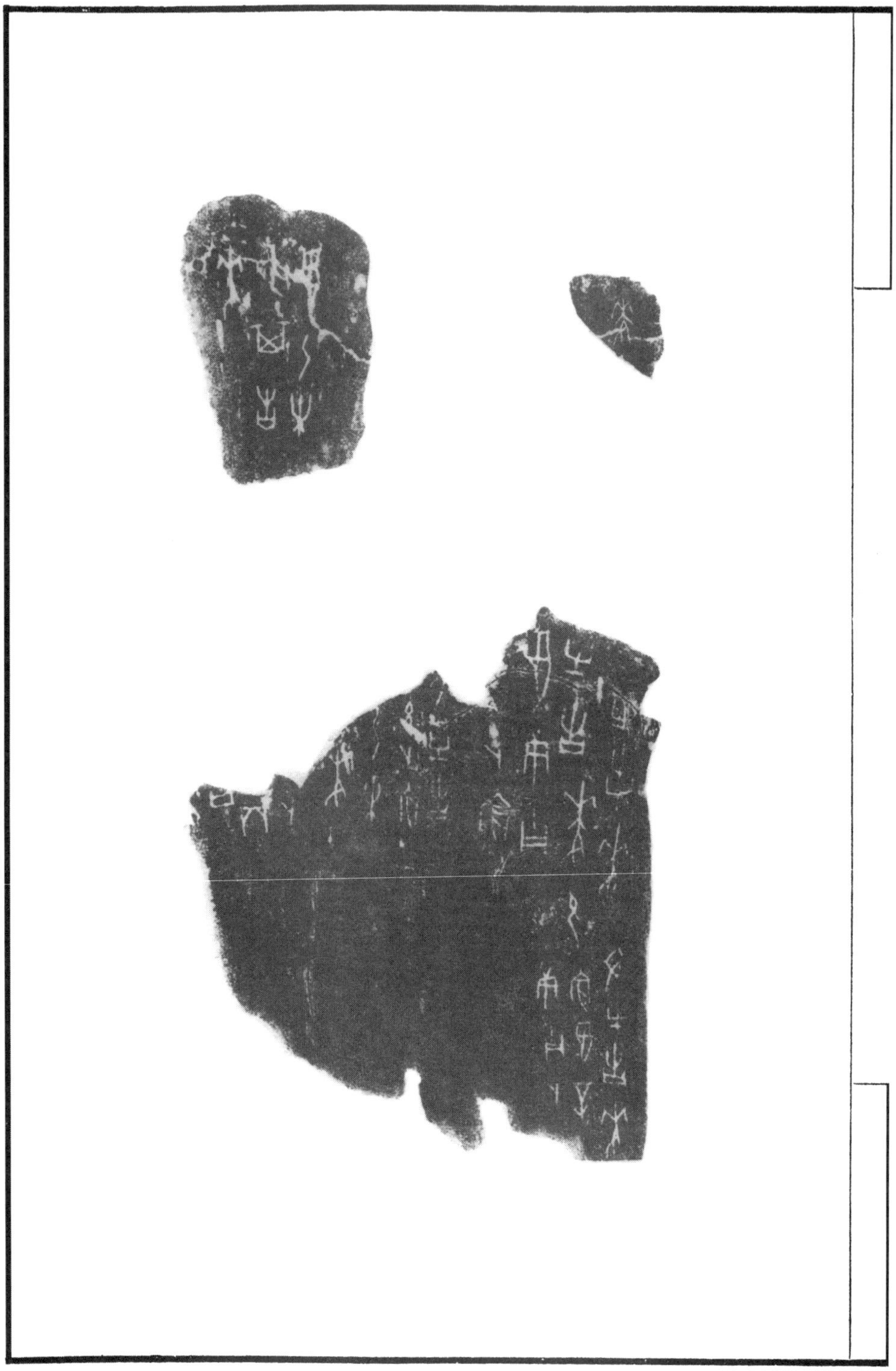

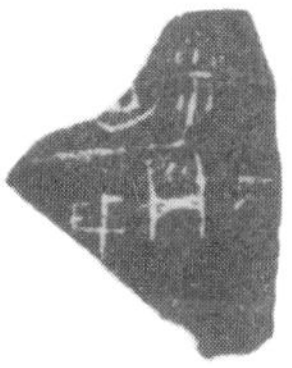

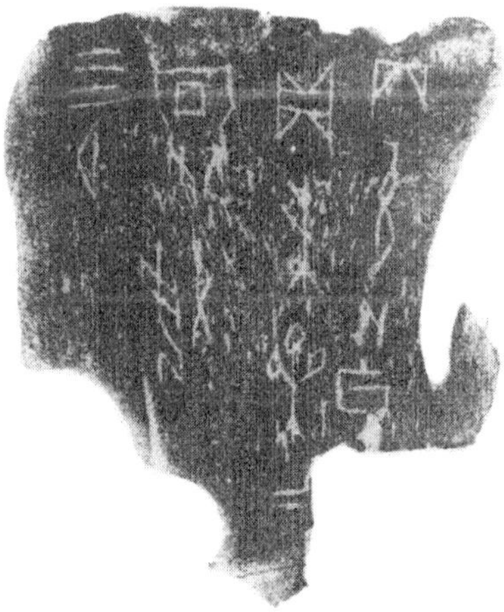

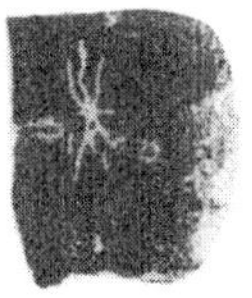

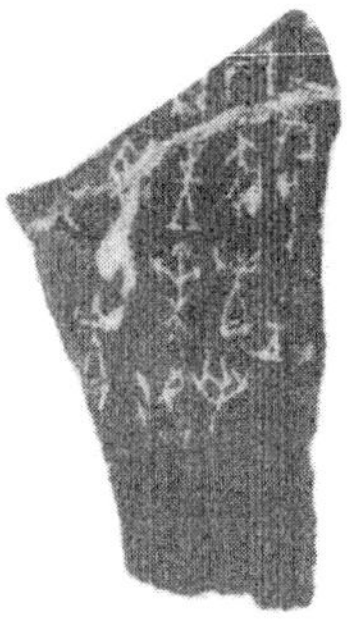

殷虛書契前編卷四

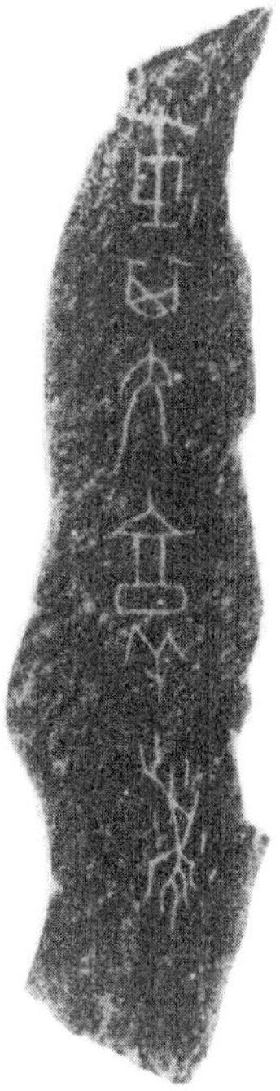

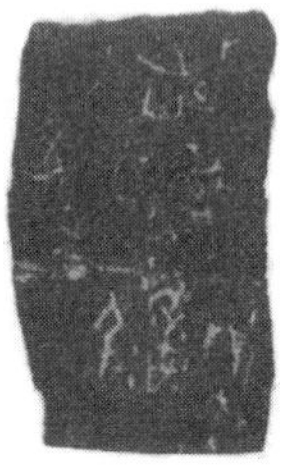

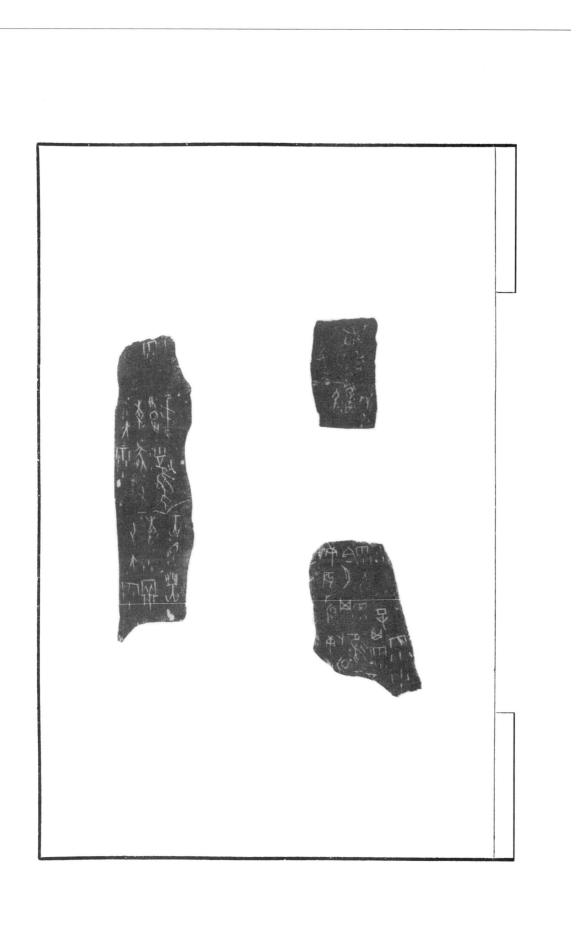

殷虛書契前編卷四

四十三

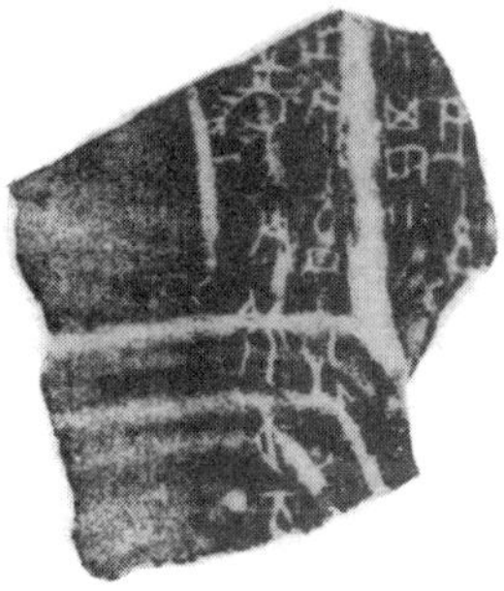

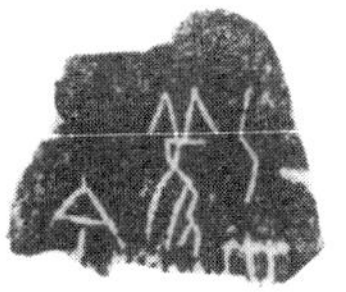

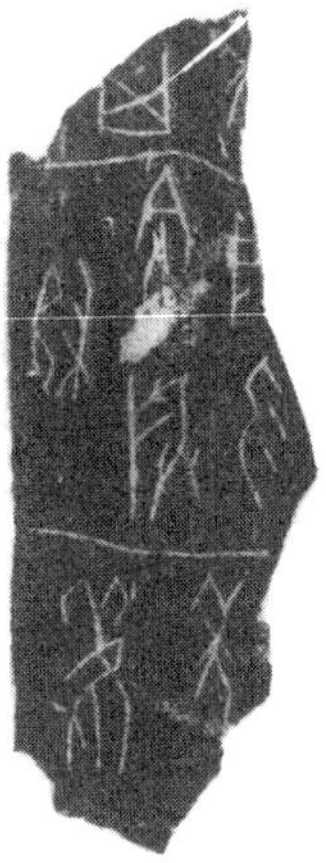

殷虚書契前編卷四

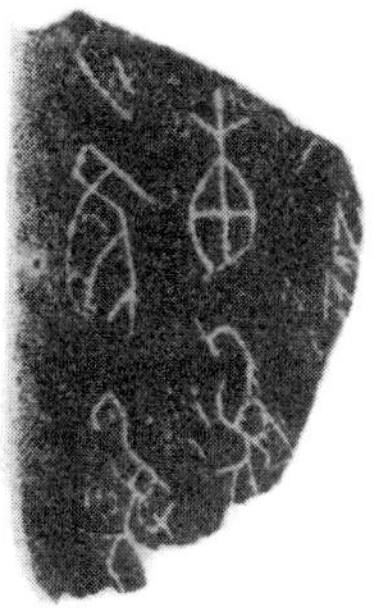

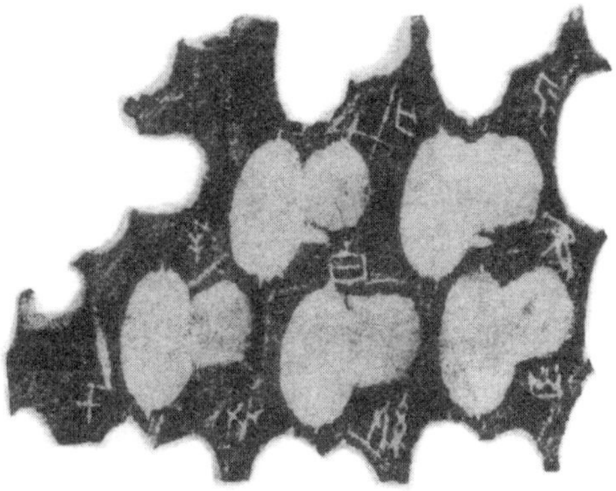

殷虛書契前編卷四

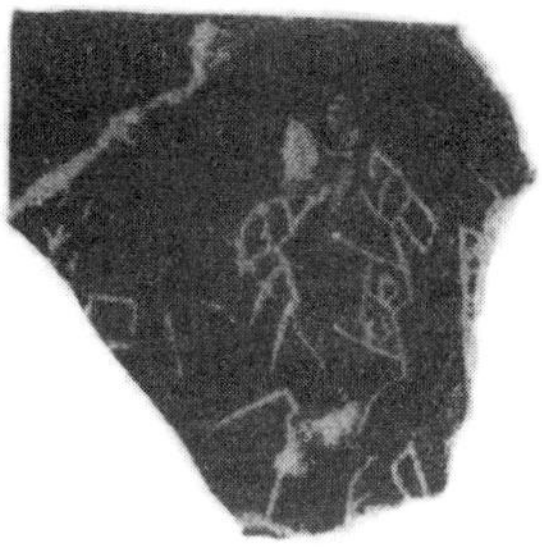

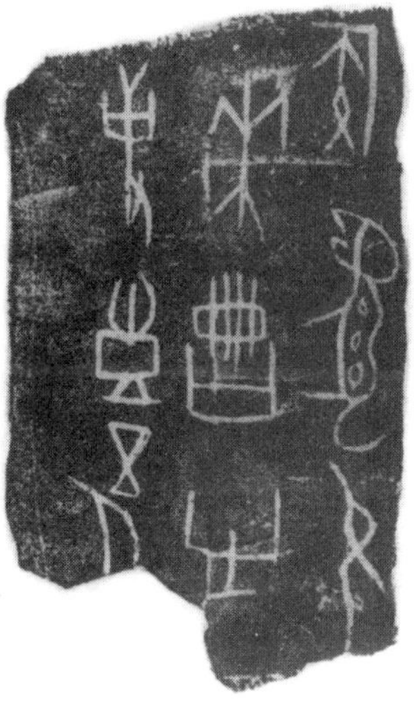

殷虚書契前編卷四

四十六

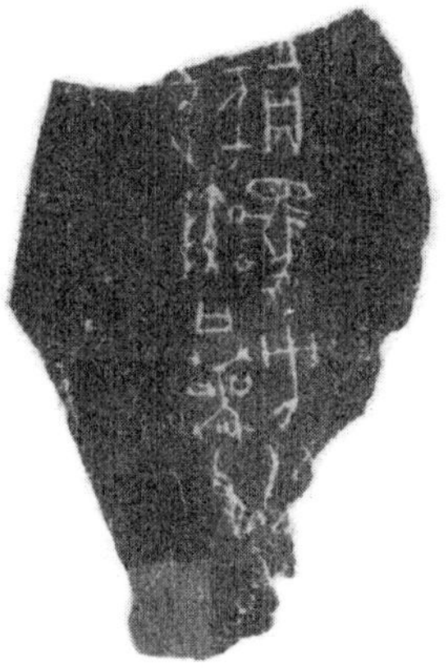

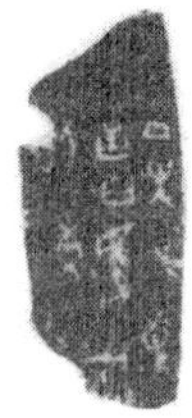

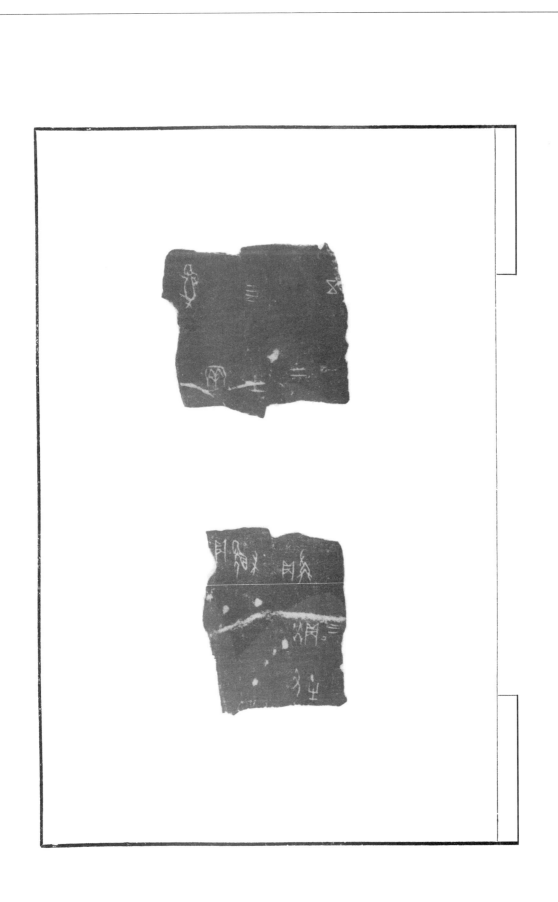

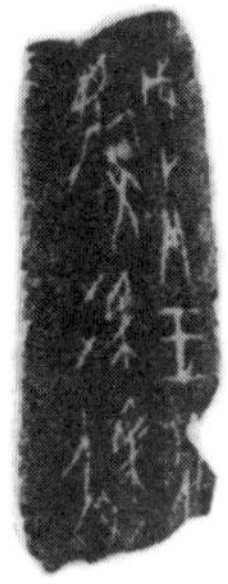

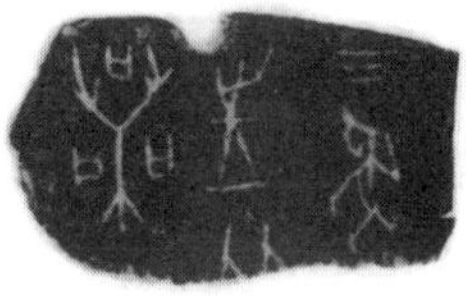

殷虛書契前編卷四

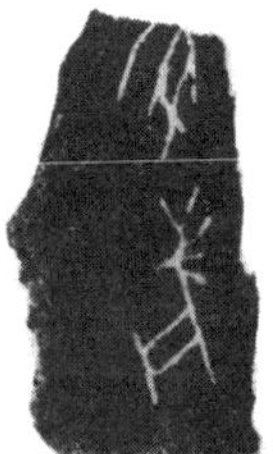

殷虛書契前編卷四

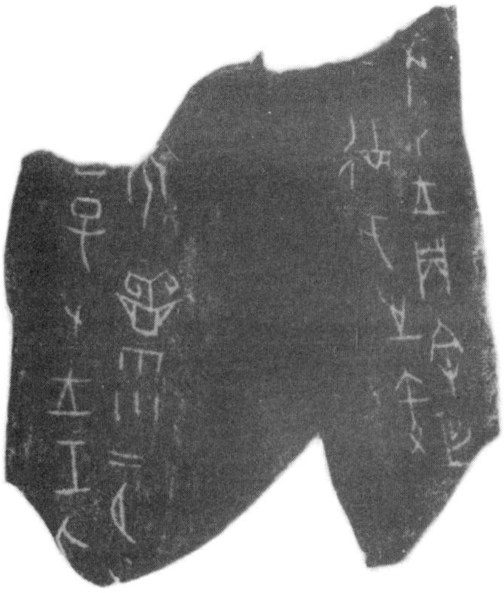

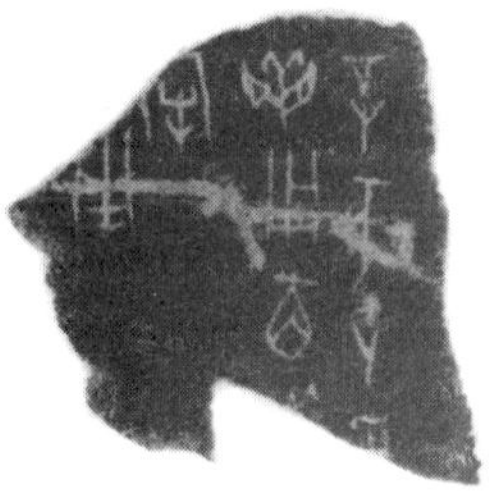

殷虚書契前編卷四

殷虛書契前編卷四

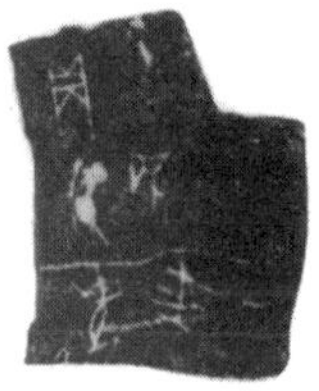

五十一

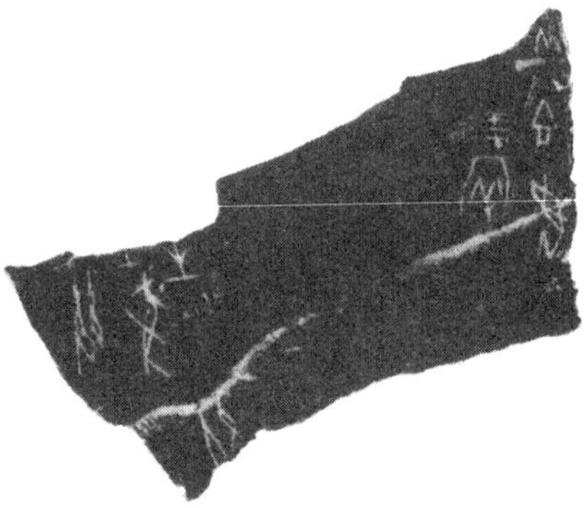

殷虚書契前編卷四

殷虛書契前編卷四

五十三

殷虚書契前編卷四

五十四

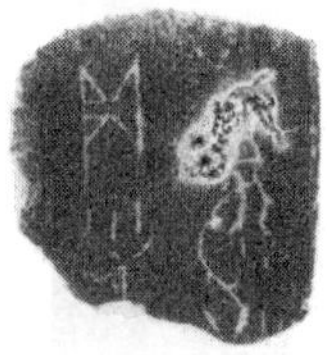

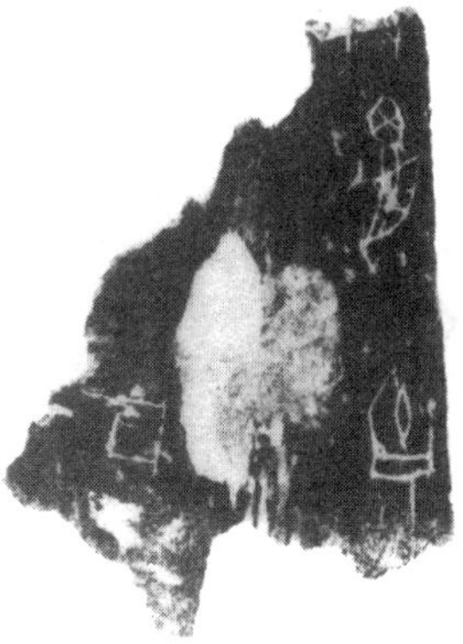

殷虛書契前編卷四

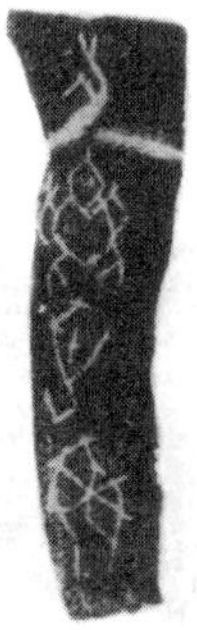

殷虚書契前編卷四

殷虛書契前編卷五

集古遺文第一

上虞羅振玉類次

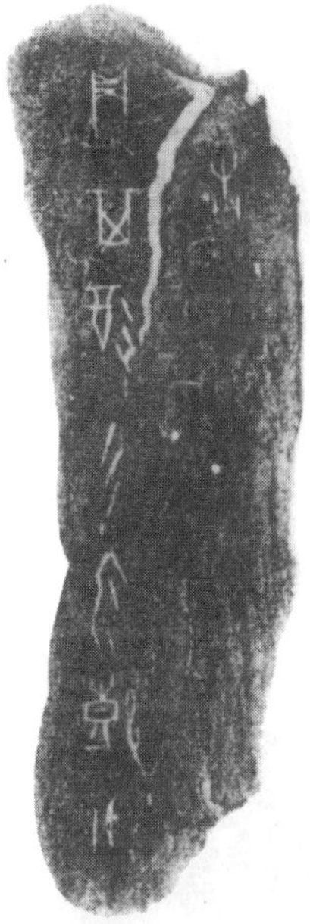

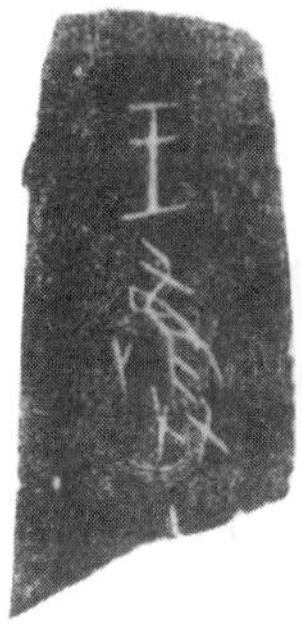

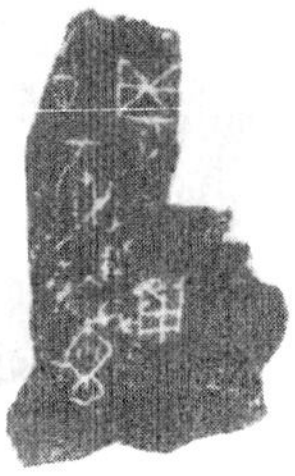

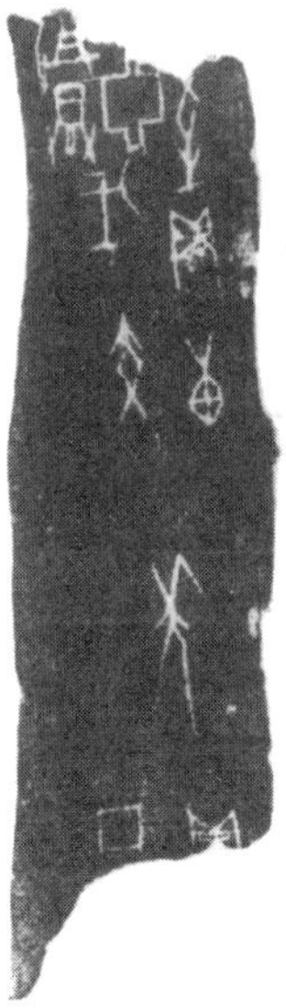

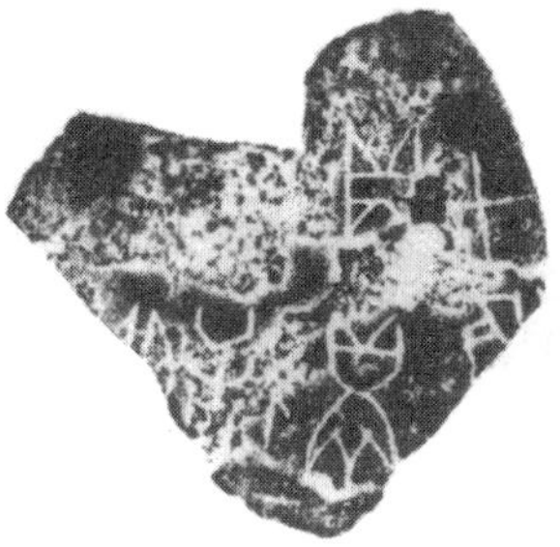

殷虛書契前編卷五

五

殷虛書契前編卷五

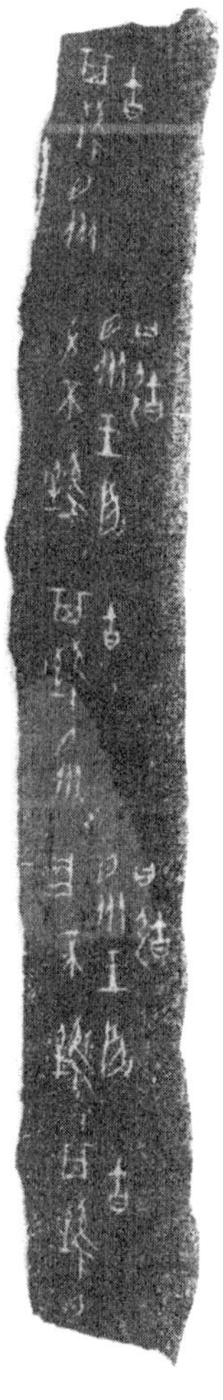

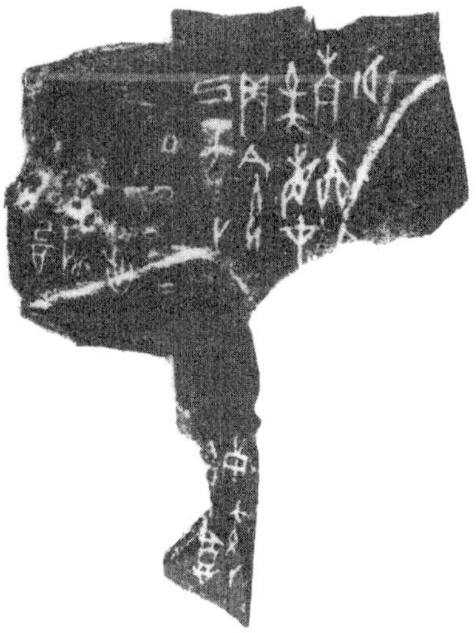

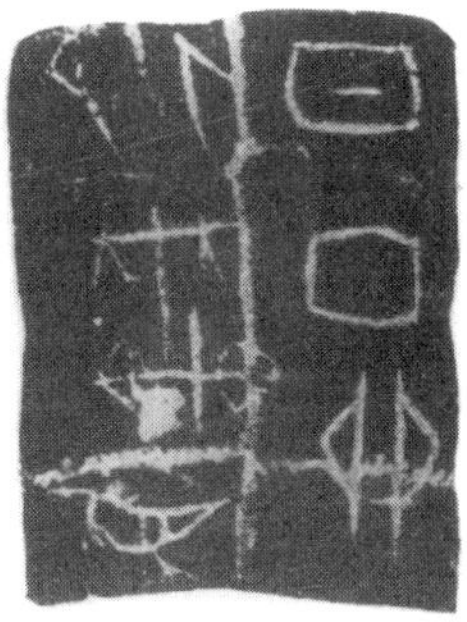

殷虛書契前編卷五

七

殷虛書契前編卷五

殷虛書契前編卷五

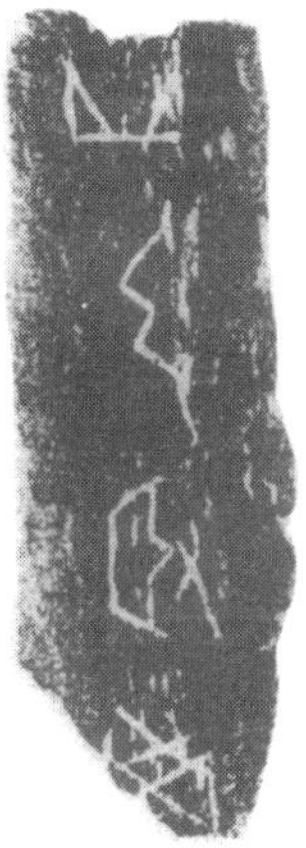

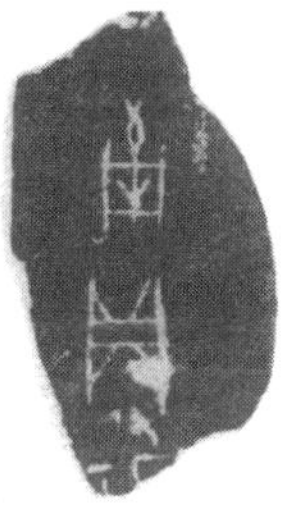

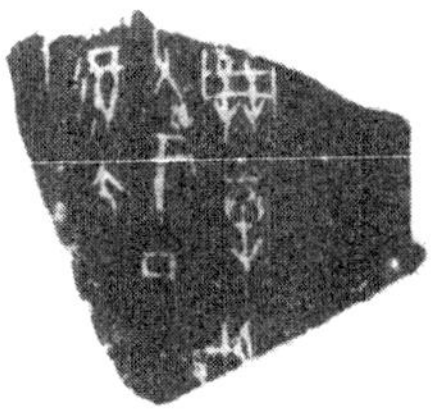

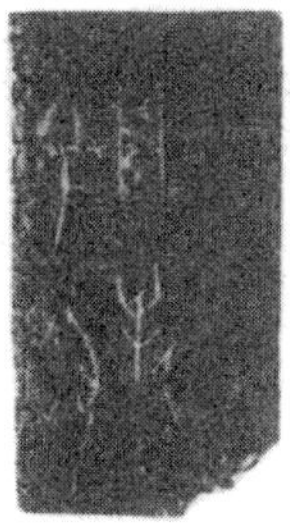

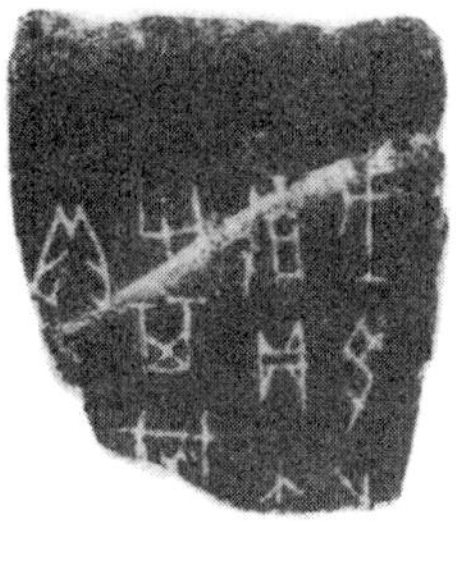

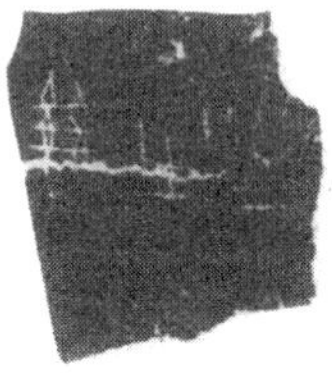

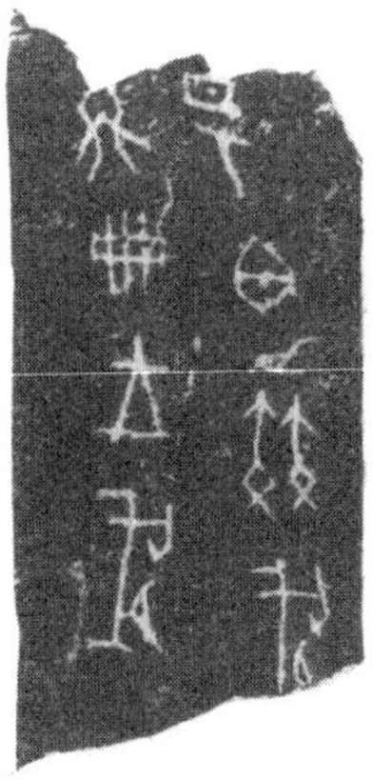

殷虛書契前編卷五

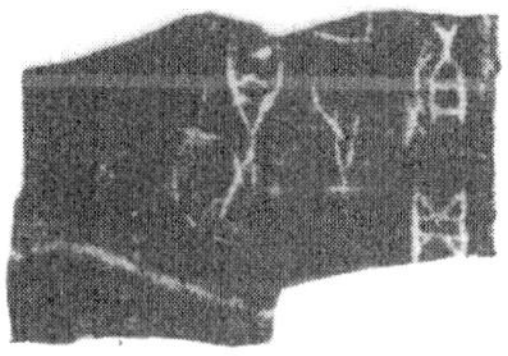

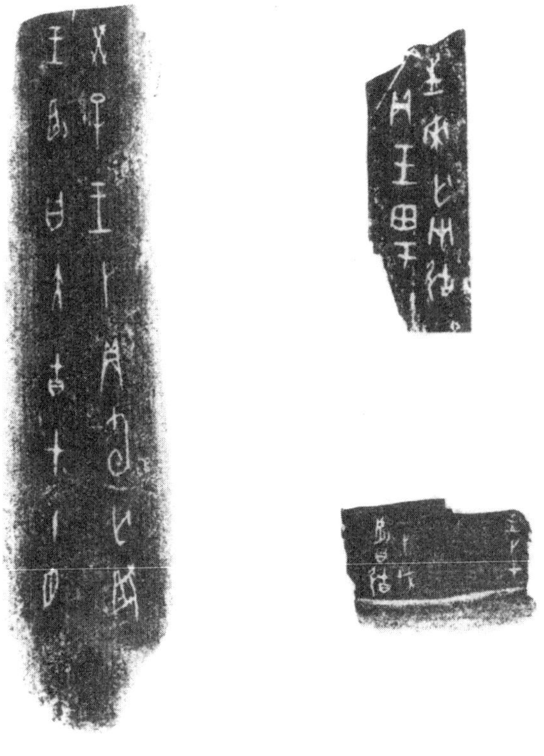

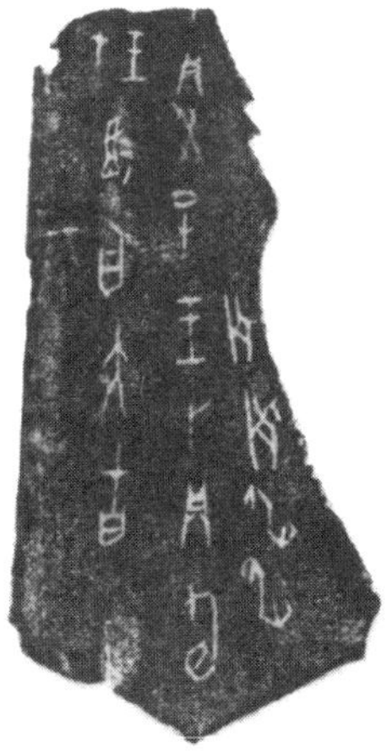

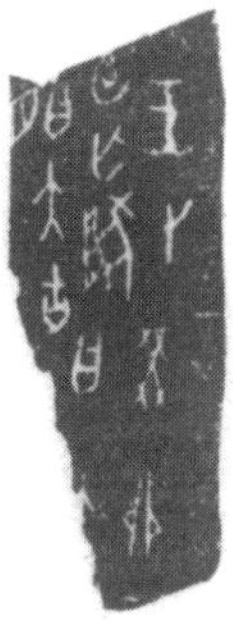

殷虚書契前編卷五

十八

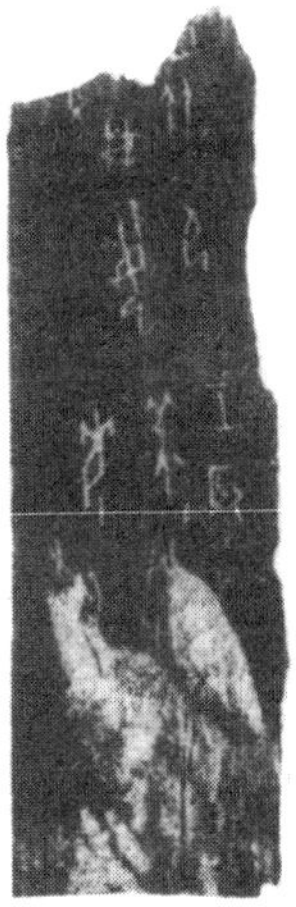

殷虛書契前編卷五

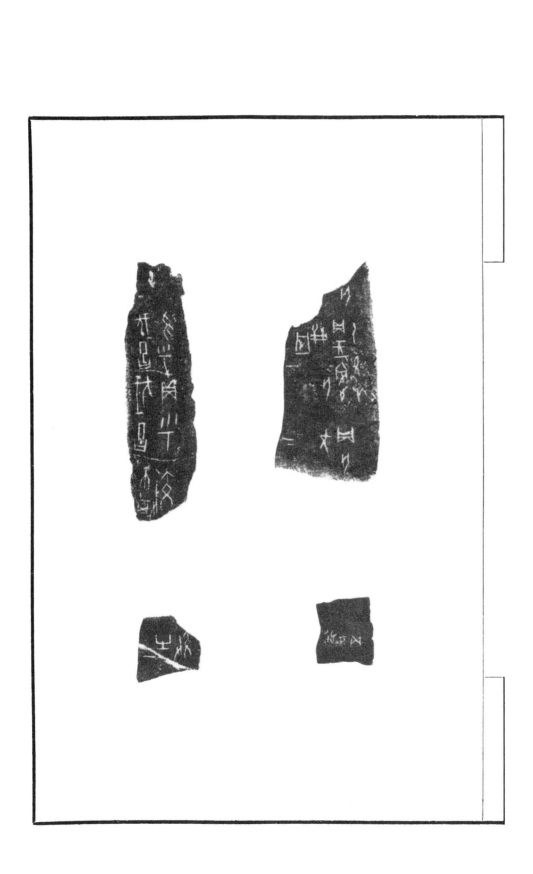

殷虛書契前編卷五

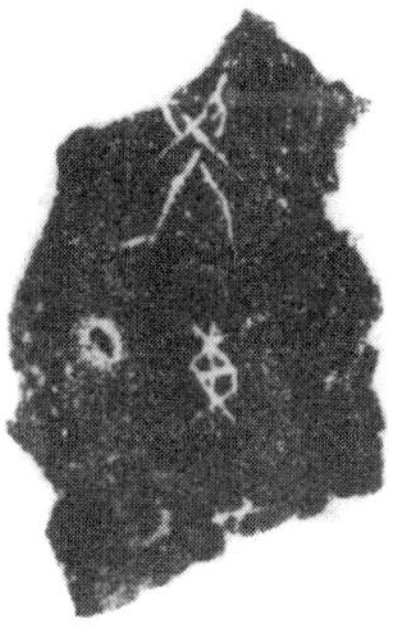

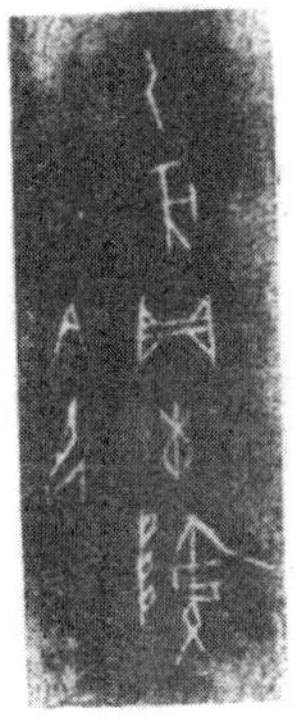

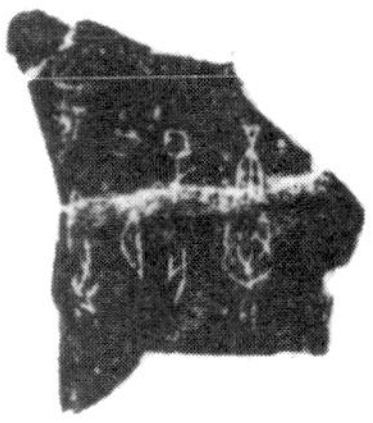

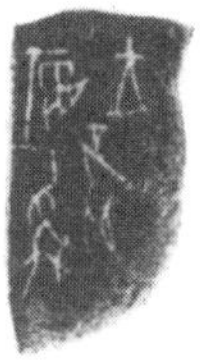

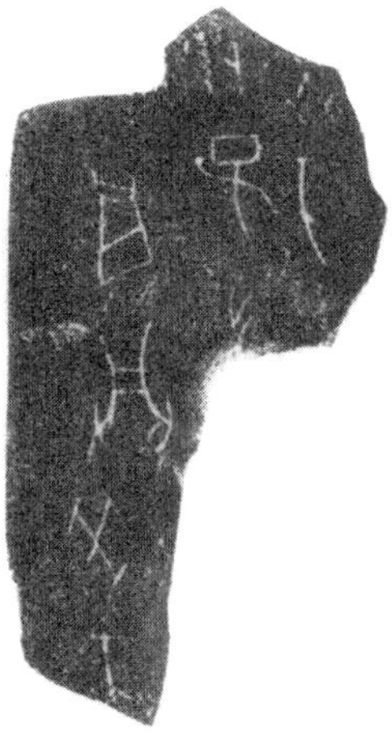

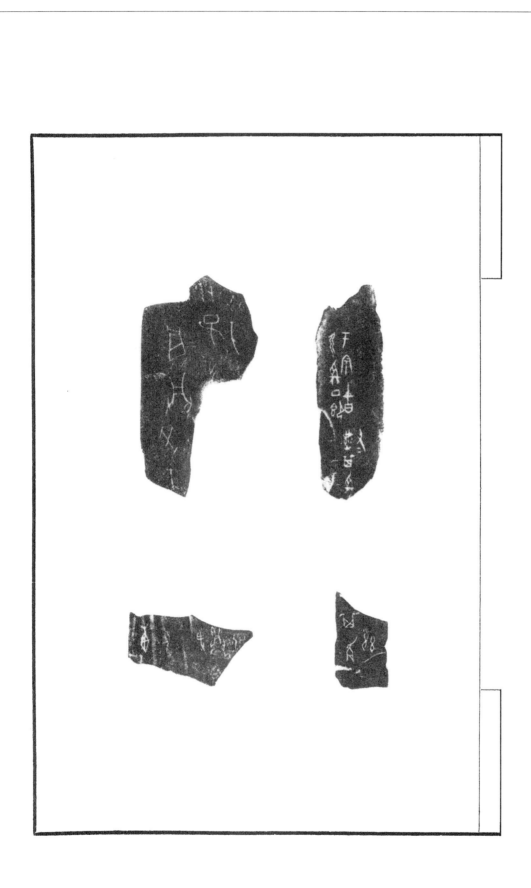

殷虛書契前編卷五

殷虛書契前編卷五

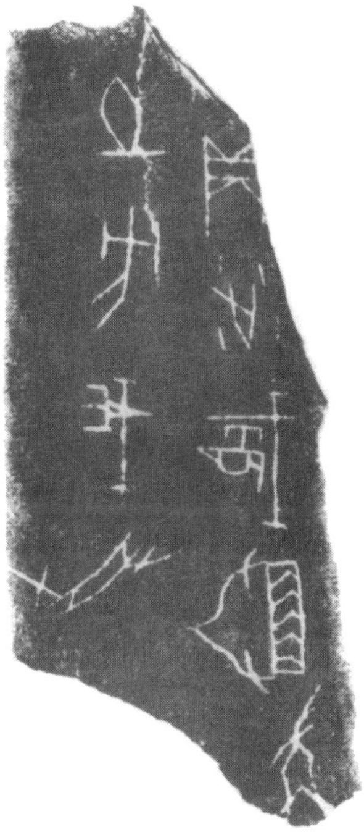

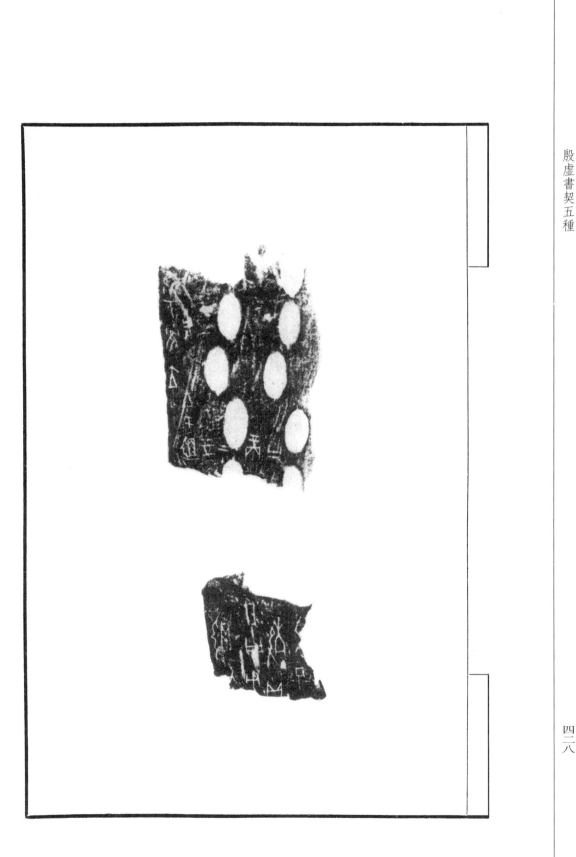

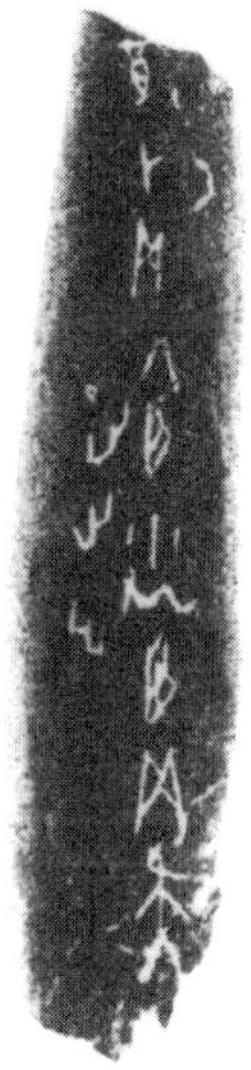

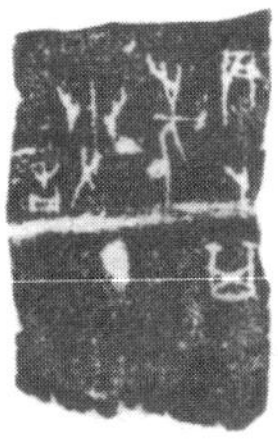

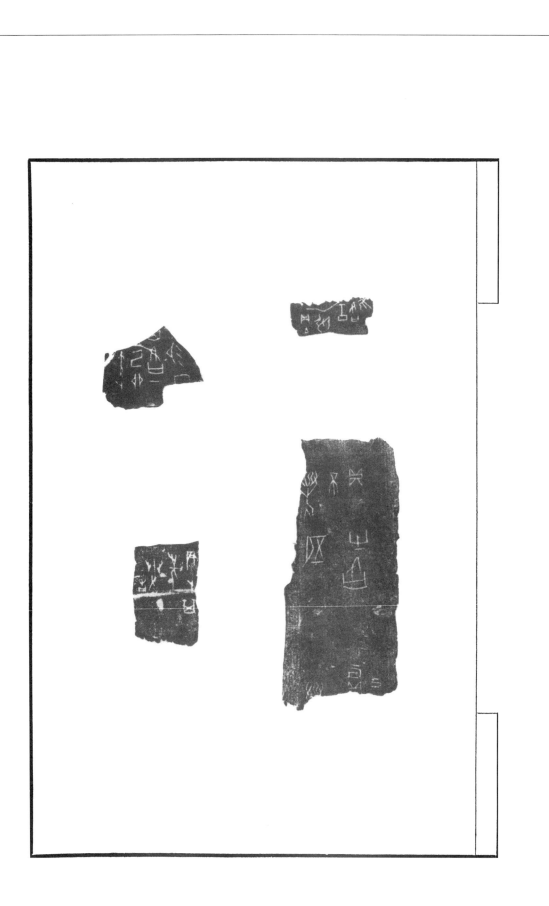

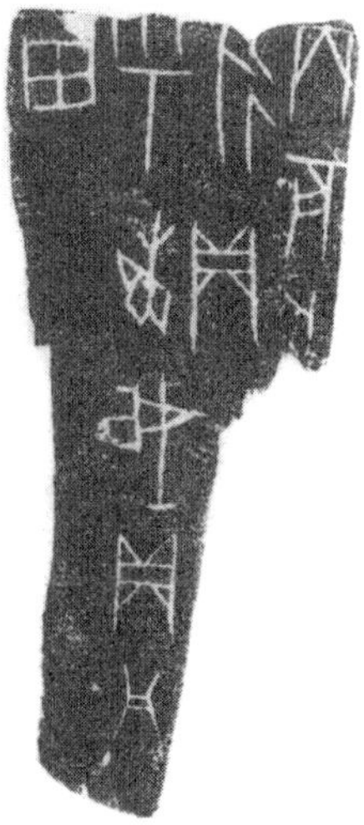

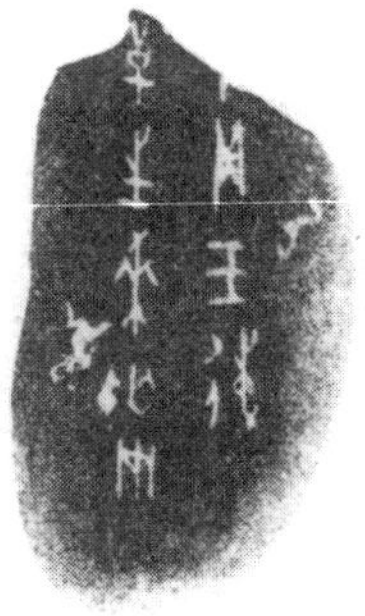

殷虛書契前編卷五

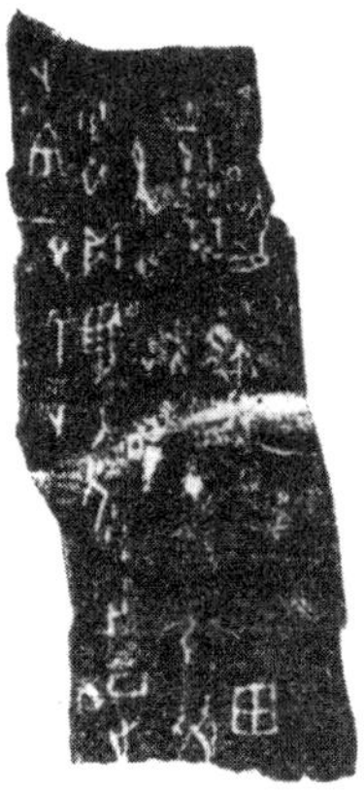

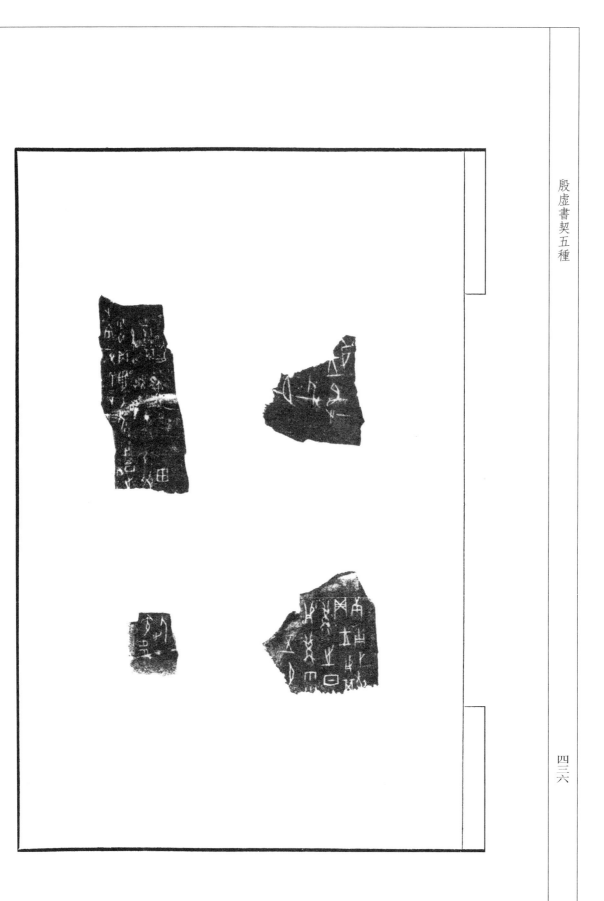

殷虛書契前編卷五 二十八

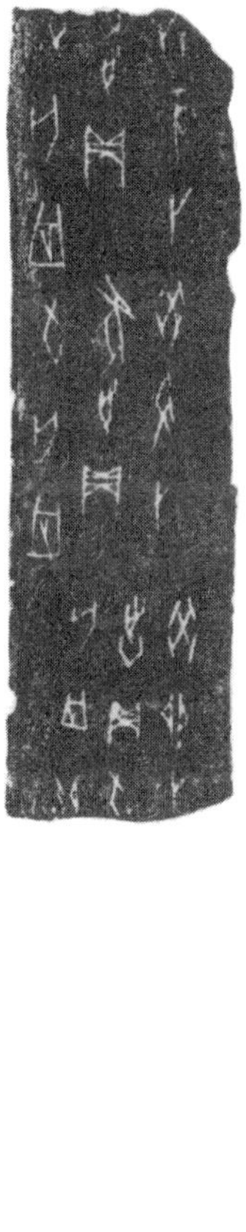

殷虛書契前編卷五

二十九

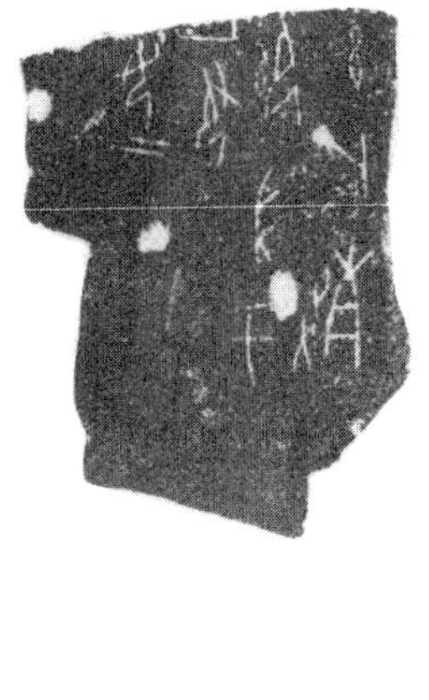

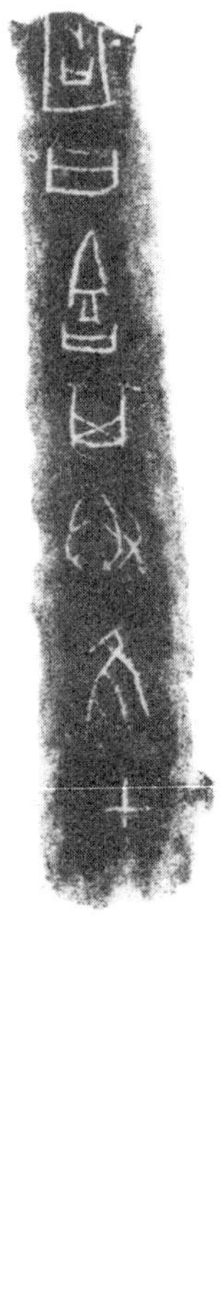

殷虛書契前編卷五

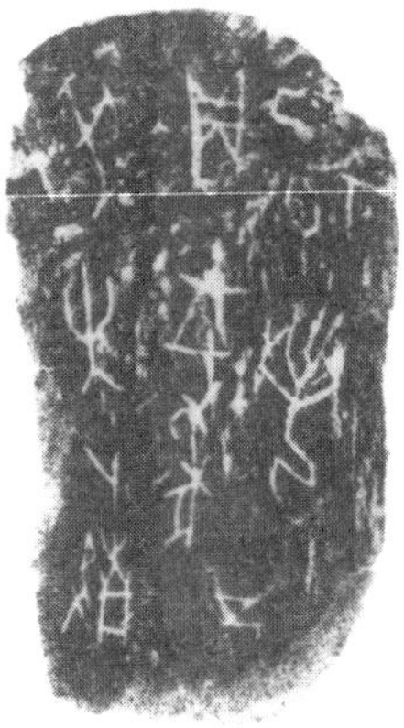

殷虚書契前編卷五

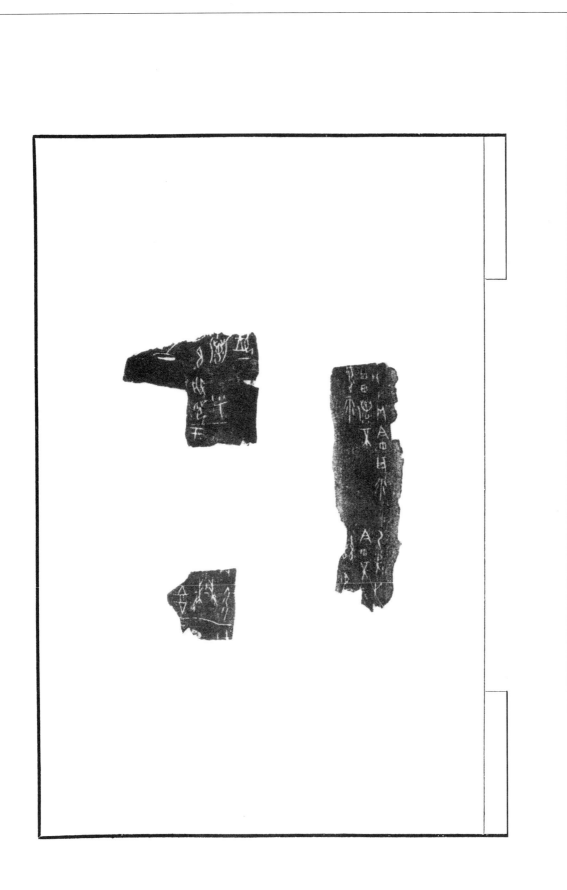

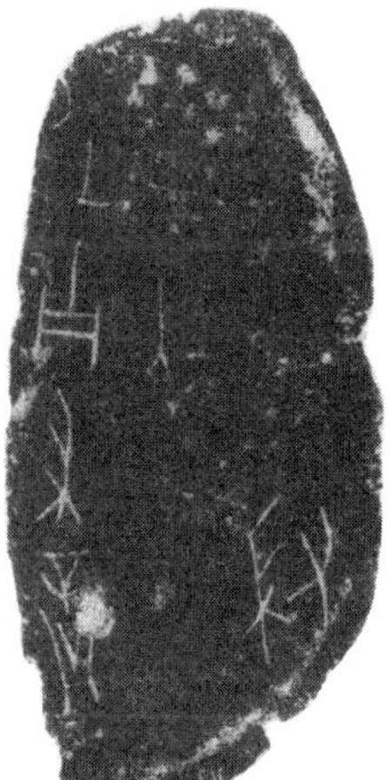

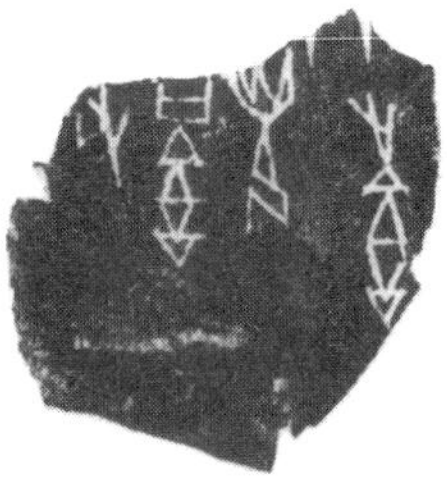

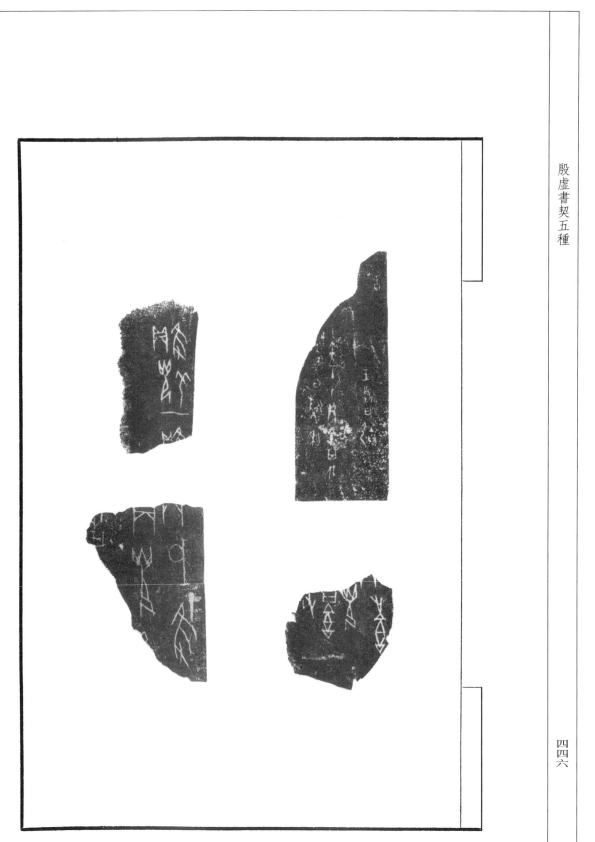

殷虛書契前編卷五

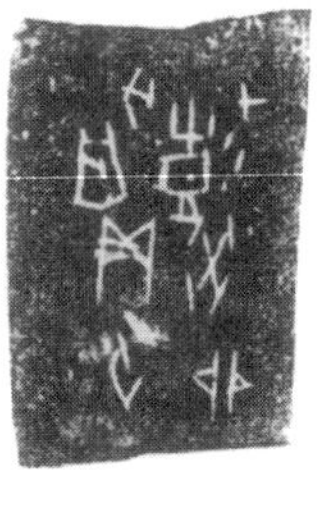

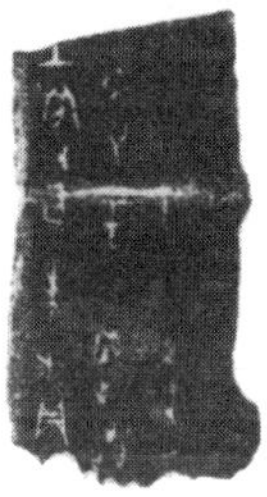

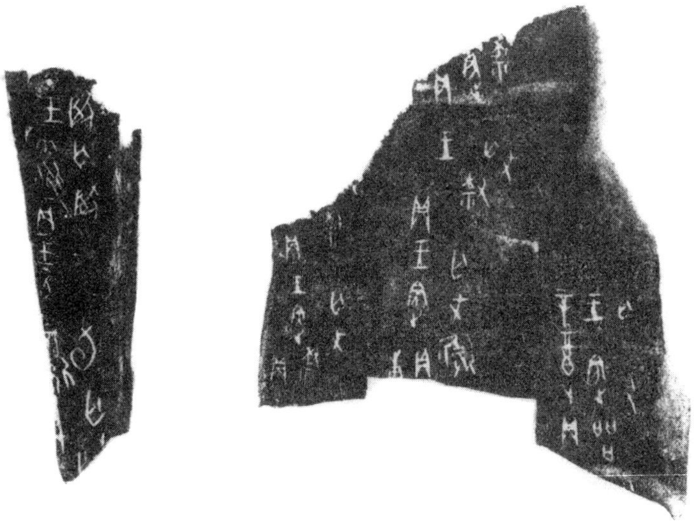

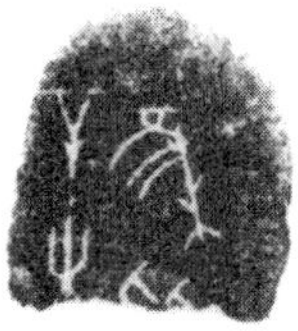

殷虛書契前編卷五

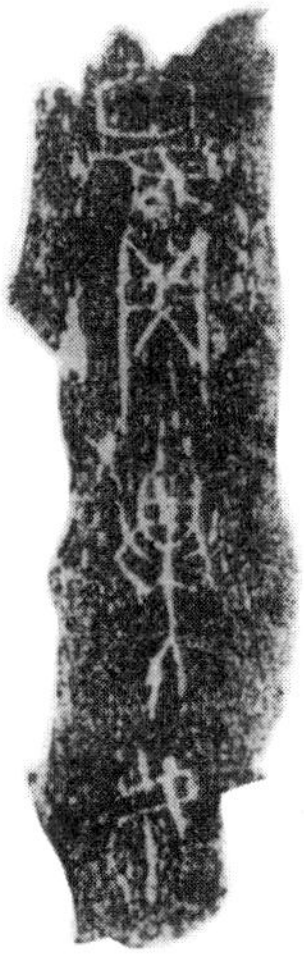

殷虛書契前編卷五

三十九

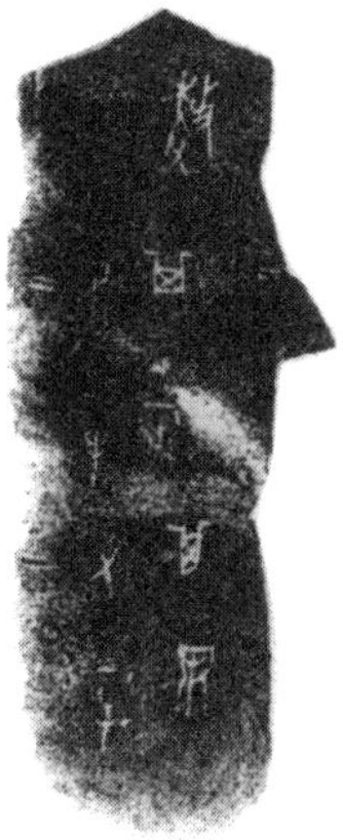

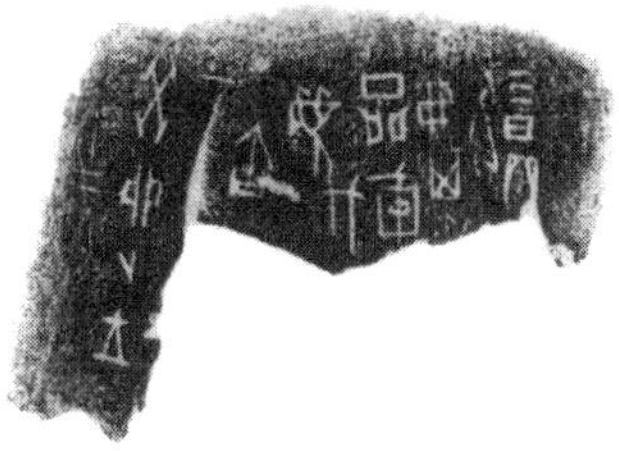

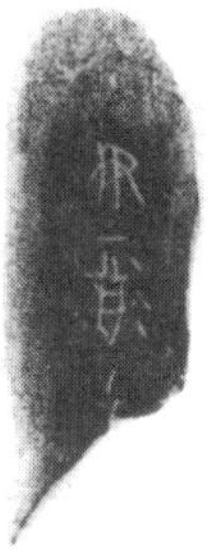

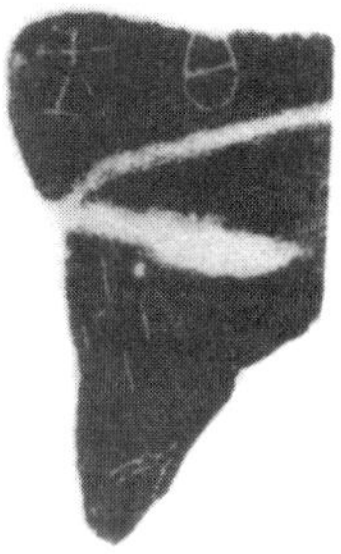

殷虛書契前編卷五

殷虛書契前編卷五

殷虛書契前編卷五

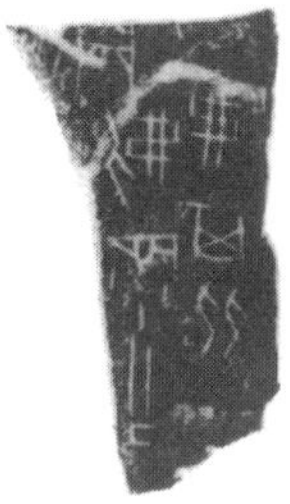

四十三

殷虛書契前編卷五

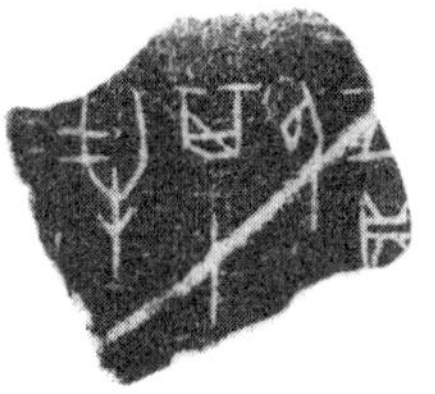

四十六

殷虛書契前編卷五

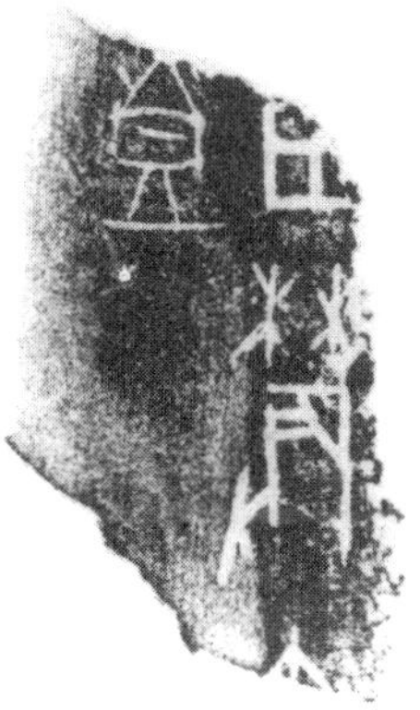

殷虚書契前編卷五